BUDO

BoD™
BOOKS on DEMAND

Gewidmet
der
ewigen
Schülerschaft

Jörg-Michael Wolters, Jeannine Schröder, Hubert Schmitz

BUDO - Pädagogik

Das erzieherische Wesen der Kampfkünste und budopädagogische Perspektiven

FSC
www.fsc.org
MIX
Papier aus verantwortungsvollen Quellen
Paper from responsible sources
FSC® C105338

Bibliografische Information der Deutschen Nationalbibliothek:
Die Deutsche Nationalbibliothek verzeichnet diese Publikation in der Deutschen Nationalbibliografie; detaillierte bibliografische Daten sind im Internet über http://dnb.dnb.de abrufbar.

Herstellung und Verlag: BoD – Books on Demand, Norderstedt

ISBN: 978-3-7357-9349-2

Inhaltsverzeichnis

Vorwort der Herausgeber

In der Kampfsport- und Kampfkunst-Szene hat sich ebenso herausgestellt wie in der Ausbildung von Budo-Pädagoginnen und -Pädagogen auch, dass das grundlegende Wissen und erst recht das Verständnis dessen, was Budo denn ist, häufig fehlt. Literatur zum Thema ist kaum vorhanden, „echte“ Lehrer und Meister, die den „wahren“ Weg ihren „echten“ Schülern vermitteln, ebenso wenig.

Budo als traditionelle asiatische Weisheitslehre von Kampf- und Heilkunst, ja als Form von Lebenskunst, ist aber ein einzigartiges Kulturgut und eine originäre wie durchaus auch heute noch erlernbare wertvolle Methode, sich selbst weiter zu entwickeln und an Körper, Geist und Seele zu wachsen und eben in diesem Sinne auch „heil“ zu bleiben – oder zu werden.

Budo hat ein immenses erzieherisches und therapeutisches Potential, auch spirituelles zu Selbsterfahrung und Selbsterkenntnis, das für sich selbst zu nutzen oder für andere nutzbar zu machen sich lohnt. Budo ermöglicht einzigartige, kostbare und vor allem über lange Traditionen bewährte „Schritte auf dem Weg“ – zu mehr Frieden in sich und in der Welt.

Nichtwissen und Missverständnis, das in Bezug auf Budo so verbreitet ist, droht im Zuge moderner Sportkonzepte den Schatz des Budo als Bewegungskunst und „Charakterschule“ gänzlich zu verschütten. Die Herausgeber dieses Buches haben es sich daher zur Aufgabe gemacht, das in Jahrzehnte währender intensiver Befassung mit der Theorie und Praxis des Budo Erworbene zu teilen, mit-zu-teilen, um es vor schnelllebigem Massen- und Konsumdenken, vor Sportideologie und -politik und vor Oberflächlichkeit geschuldeter Verfälschung zu bewahren.

Wolters (Hamburg und Växjö, Schweden), seit Mitte der 70iger Jahre privat wie beruflich im und mit Budo hochgradig identifiziert und engagiert, aktiver Kampfkunstlehrmeister und spiritus rektor der Budo-Pädagogik, ist Verfechter der klassischen, friedlichen (Zen-)Lehre des Budo und der Wirksamkeit auf die Persönlichkeit und das Sozialverhalten der Ausübenden. Er verteidigt Budo seit Jahrzehnten gegen Ver-

einnahmung durch Dilettantismus und Hochstapelei sowie korrumpierendes Sport- und banalisierendes Freizeitdenken – zuweilen auch „kriegerisch“ durch Streitschriften und akademische Polemiken[1]. Dafür nimmt er auch z.T. sehr massive Anfeindungen inkauf. Seine Beiträge hier sind moderat bis vehement, erfahrungs- und wissenschaftlich fundiert und bringen Wesen und Wirken des Budo auf den Punkt.
Schröder (Berlin), ist leidenschaftliche Sozialpädagogin/-arbeiterin und verbindet das berufliche und persönliche Selbstverständnis mit dem Wesen des Budo in ihrer Praxis. Sie ist Master der Budo-Pädagogik und engagierte sich seit der Ausbildung zunächst im Vorstand des Berufsverbandes und anschließend im Aufsichtsrat: immer im Sinne der Budo-Pädagogik, als professionelles Fachgebiet, und der eigens ausgebildeten Experten. In ihrer eigenen praktischen Arbeit schlägt ihr Herz für Kinder im Alter von 4-7 Jahren und für die Arbeit mit sogenannten „sozial benachteiligten“ Mädchen im Rahmen der offenen Mädchenjugendsozialarbeit. In diesem Buch legt sie besonderen Fokus auf die grundlegende erzieherische Wirksamkeit der Wesenselemente des Budo und deren Übertragbarkeit auf den pädagogischen Alltag.
Schmitz (Köln), Großmeister und Lehrer im eigenen Dojo für traditionelle Schwertkampfdisziplinen (Iaido, Jodo, Battodo), durch internationale Lehrgangsreisen sowie als persönlicher Schüler eines japanischen Altmeisters ein intimer Kenner des gelebten Budo, weiß, wovon er spricht. Seine Ausbildung als Budo-Pädagogik-Master beflügelt ihn, neben der technischen Perfektionierung des Kunsthandwerks Budo vor allem auch das erzieherische Wesen in den Grundlagen und Details jeder Übung besonders herauszuarbeiten. Schmitz ist in seiner Erscheinung wie in seiner Arbeit im Dojo „Samurai“. Entschlossen, eindeutig, präzise und effektiv – für manche ein bizarrer Traditionalist; ein kompromissloser aber beflügelnder freier Geist.

[1] Kritische Schriftenreihe mit den Artikeln „Karate macht aggressiv“ (2010), „Karate macht krank“ (2011), „Karate macht dumm“ (2012) oder „Von Etikettenschwindel und Trittbrettfahrern“ (2012), „Von Fälschern und Pfuschern“ (2013); siehe budopaedagogik.de

Budo – Das Wesen der Kampfkunst und das geheime Wissen der Meister

Wolters, Jörg-Michael

Einführung

9 von 10 Fachbüchern über asiatischen Kampfsport befassen sich vorwiegend mit den Techniken und bloßen Formen der jeweiligen Systeme (vielleicht mit einem kleinen Exkurs in ihre Geschichte), und allenfalls 1 vom 100 mit dem geistigen Wesen des Weges der Kampf-“Kunst“, Budo. Ähnlich ist es mit der Praxis: 9 von 10 Aktiven betreiben modernen Kampfsport, vor allem Judo oder Karate, dann Taekwondo, Jujutsu, Kung-Fu, die meisten nur für ein paar Monate oder vielleicht maximal ein paar wenige Jahre. Nur 1 von 100 ist Schüler (man müsste sagen: „Student“) bzw. Ausübender einer traditionellen Kampf-“Kunst“, 1 von 1000 wird Meister darin, 1 von 10.000 ein authentischer Lehrmeister.

So verhält es sich in unserer Zeit, in der Moden Konjunktur, Kurzlebigkeit und Oberflächlichkeit Bestand haben, alles schnell gehen muss und möglichst einfach sein. Den „Schwarzen Gürtel“ schon in 5 Jahren und sportlichen Erfolg noch viel eher im Verein um die Ecke, der zudem viel billiger ist und mehr Mitglieder hat, als das kleine Dojo in dreiviertelstündiger Autofahrt Entfernung, und wo es heißt, man bekomme den Meistergrad frühestens nach 10 Jahren, regelmäßiges Üben 2 bis 3 Mal in der Woche vorausgesetzt, erscheint Vielen „wirtschaftlicher“.
Der Verein ist Mitglied im Dachverband, und der im Deutschen Olympischen Sport-Bund mit erstklassigen, berühmten Deutschen-, Europa-

oder sogar Weltmeistern, mit Bundes- und Landestrainern oder Großmeistern, die Lehrgänge mit jeweils mehreren hundert Teilnehmern in riesigen Hallen gleichzeitig abhalten, der Lokalsender, wenigstens die Zeitung vor Ort ist, und man am Ende eine schmucke Urkunde für's Mitmachen bekommt.
Das traditionelle Dojo hingegen, das von einem Meister einer kleinen, eher unbekannten Stilrichtung geleitet wird und nur einer Schar offensichtlich zusammengeschweißter Schüler besteht, die zudem selber nach Japan reisen müssten, um beim Lehrer ihres Lehrers mitüben zu dürfen, agiert mehr im Hintergrund, macht keine oder wenig Werbung für Anfängerkurse und es gibt dort keine „Beitrittserklärung“, sondern nach einer unbestimmten, sicher aber längeren „Probezeit“ - vielleicht - einen Aufnahme-“Antrag“. Statt Urkunden für's Mitmachen gibt’s, wenn man gut ist und „dazu gehört“, Arbeitsaufträge, mitzuhelfen, das Dojo zu putzen. Wenig also für's Ego und Image.

Die, die sich für die unkomplizierte, einfache und schnelle Lösung entscheiden, verkennen dabei, dass das Training einer Kampf-“Sport“-Art gar nicht Dasselbe ist, wie die Ausbildung in einer ursprünglichen Budo-Kampfkunst, ja, das beides rein gar nichts mehr miteinander zu tun hat, selbst dann, wenn beides, z.B., sich „Karate-Do“ nennt. Wie soll man da als Laie durchblicken? Oder als jemand, der bereits aktiv trainiert, aber immer mal wieder hört von Budo als die eigentliche Kunst des Kampfes?
Genau für diese Laien, für Interessierte, aber auch für Anfänger und Fortgeschrittene Praktiker, die sich über ihren jeweiligen Sport hinaus offen sind und sich gar als „Suchende“ begreifen, ist dieser Beitrag gedacht. Es soll ihnen erschließen, was das Wesen des Budo ausmacht, die „Geheimnisse“ der Meister sind, um für sich herausfinden, ob sie diesem Pfad, vom äußeren und inneren Kampf etwas für's eigene Leben zu lernen, den Weg des Budo, „der Kunst des rechten Kampfes und Lebens“ gehen wollen. So öffnet sich ihnen eine Schatzkiste überlieferter Erfahrungen, die bedeutsam sind für das eigene Verständnis des Budo als Weg zur Persönlichkeit und ihrer Weiterentwicklung, einen zutiefst (selbst-)erzieherischen Prozess. Budo erzieht…

Eine Hand voll deutschsprachiger Bücher, die über Budo, den geistigen Weg der Kampfkünste berichten, jedenfalls mehr oder weniger, sind schon geschrieben worden, jedoch keine Systematik, was das Wesen des Budo genau ist, welche Inhalte, Kriterien und Aspekte es konkret ausmachen, erst definieren und warum und wie sie Kampf-"Kunst" über den Kampf-"Sport" erheben, über ihn hinaus weisen. Dieser Versuch wird hier nun unternommen. Das Wesen des Budo wird anhand seiner essentiellen 6 Fundamente: Bu – das Kämpfen, Do – der Weg, Dojo – der Ort, an dem der Weg geübt wird, Reigi – die Etikette, Shitei – die Lehrer-Schüler-Beziehung und Zen – die Spiritualität, erläutert. „Geheimnisse" aber, das sei hier vorab schon Mal verraten, werden nicht gelüftet (sonst wären und blieben es ja keine).
Es gibt sie nämlich auch gar nicht – die Geheimnisse sind vielmehr die esoterischen, d.h. hinter der Oberfläche verborgenen und erst auf dem 2. Blick, nein, erst dem intensiven Bemühen, sich ins Budo zu vertiefen und dann der hilfreichen Einweihung durch (s)einen „Meister" (Sensei) erkennbar. Aber sie sind in der Lehre als die „inneren" Aspekte des Weges (Okuden) vorhanden, die, die jenseits der Befassung mit der bloßen äußeren Form (Omote) liegen und sich dem ernsthaften, „inneren" Schüler (Uchi-Deshi), nicht aber dem äußeren Form-Schüler (Soto-Deshi) erschließen. Insofern mag das Wissen darüber nicht sehr groß und nicht sehr verbreitet sein – im Unterschied zu den Vorurteilen darüber – aber geheim im Sinne des Verbotes der Offenbarung und Weitergabe sind sie nicht.

Zwar gibt es in den Kampfkünsten die Tradition, stil- und schulinternes Wissen um die wahre Bedeutung und auch konkrete Ausführung bestimmter Anwendungen nur wenigen „echten" Schülern (also Uchi-Deshi) weiterzugeben, es symbolisch in ihre ganz eigenen „Bewegungs"-Sprachen und -Formen, den Kata, extrem verschlüsselt zu integrieren, zu deren Übersetzung nur Eingeweihte in der Lage waren (oder heute noch sind), damit „die Perlen nicht vor die Säue geschmissen" werden und Fremde nicht etwa Missbrauch damit treiben könn-

ten, jedoch sind dies nicht die Geheimnisse, von denen hier die Rede sein wird.
Derartiges „Sekten"-Wissen, das befähigt, die Techniken und Bewegungen jenseits des äußeren Anscheins (beispielsweise eines vermeintlichen Blocks oder eines Schlages) in Wahrheit als eine tiefenwirksame Meridian-Stimulation oder Kyusho- oder Atemi-Technik auf zentrale Nervendruckpunkte (Tsubo, jene wichtigen Punkte innerhalb des menschlichen Körpers, die auch in der Traditionellen Chinesischen Medizin, der energetischen Heilgymnastik Qi-Gong und Tai-Chi oder der manuellen Heilkunst wie Akupunktur oder Shiatsu behandelt werden) zu sehen, ist wirklich Eingeweihten und Experten vorbehalten, die auch den historischen wie funktionalen Zusammenhang von Heilkunst und Kampfkunst kennen.
Dies ist nicht unser Thema – so spannend auch dieses wäre. Es ist aber ein eigenes.

BUDO – Kampf- und Lebenskunst

Der Begriff „Budo" wird heute häufig im Kontext der fernöstlichen Kampfsportarten, wie Judo, Karate, Kung-Fu, Taekwondo, Thaiboxen oder gar den modernen Mixed-Martial-Arts verwendet, allerdings unreflektiert und oft auch leider falsch. Budo hat mit irgendwelchen asiatischen Sport- oder Selbstverteidigungs-Arten gar nichts zu tun, sondern bezeichnet originär nur jene japanischen Systeme, deren inneres Wesen und „geistiges" Prinzip auf einen „inneren" Schulungs-Weg (Do) der Selbstentwicklung ausgelegt ist.
Primäres Ziel im Budo ist seit jeher die Erlangung von Erleuchtung (Satori), zumindest spiritueller Einsicht und Weisheit und von menschlicher Reife, also die „innere" Meisterschaft einer durch systematische Übung entwickelten Persönlichkeit – nicht nur die Erlangung von technischer Perfektion als messbaren Erfolg rein äußerer Meisterschaft.

Die traditionelle Unterweisung im rechten Gebrauch der Techniken (Waza), der Energie (Ki) und des Geistes/Herzens (Shin) durch individuelle Anleitung und unter der Führung seines persönlichen „Weg"-Lehrmeisters (Sensei) hat mit dem modernen Wettkampfsport und seinem Trainingskonzept zur reinen Leistungssteigerung der Athleten nichts mehr gemein; auch nichts mit dem Breitensportgedanken von Freizeitaktiven, die nur einem (ja durchaus attraktiven) Hobby nachgehen, sich mit 2 Mal in der Woche Techniktraining im Sportverein zufrieden geben, oder gar jene, die ihre Einheiten bloß als Fitnessprogramm mit exotischem Asien-Flair für „Bauch, Beine und Po" absolvieren. Die olympische Sport-Ideologie des objektiven Leistungsvergleichs nach dem Motto „Höher! Schneller! Weiter!" hat ebenso wenig etwas mit der umfassenden, den ganzen Menschen (Körper, Seele und Geist) aus-bildenden Kunst des Budo zu tun, wie die oberflächliche Orientierung auf Sieg und Niederlage, die heute nur noch maßgeblich zu sein scheint.

Weder geht's um „gewonnene" Meisterschaften und -Titel – die im Budo nicht gewonnen, sondern nur über intensives Studium zur Erlangung von höchstmöglichem Können, Wissen und tiefem Verständnis vom Wesen des Budo und seiner selbst, durch anhaltende, jahrelange Bewährung und kontinuierlichen Fortschritt in der ganzheitlichen Ausbildung auf dem dreigliedrigen Pfad (Waza, Ki, Shin) entwickelt werden – noch überhaupt um einen kurzfristigen, vorübergehenden Erfolg, der zudem auch noch im Wettbewerb, also in Konkurrenz mit anderen oder gar deren Bezwingung (Niederlage) erzielt wurde.

Umso mehr ist auch der reine Kampf- und Sieg-Aspekt, wie er in ausschließlichen Selbstverteidigungssystemen, etwa Vollkontakt- und K.O.-Stilen, praktiziert wird, nicht Budo. Schon gar nicht ein brutales „Alles-ist-erlaubt" -Kämpfen, wo ursprüngliche Kampfstile gemixt und einzelne Techniken daraus lediglich für die realistische Anwendung zum effektiven Niederschlagen oder -ringen des Gegners in Käfigen missbraucht werden. Hier mag es äußerst erfolgreiche, exzellente, kaum besiegbare Fighter und Helden geben, aber keine Meister im Sinne der Budo-Kunst.

Denn: Budo lehrt die Kunst, nicht zu kämpfen! Das mag zunächst ein irritierendes Paradoxon sein, denn immerhin befasst sich die ganze Theorie und Praxis dieser Kunst als „Kampf“-Kunst ja gerade explizit mit diesem Thema.

Und doch: Ziel im Budo ist es, Kämpfen zu lernen, um den Kampf zu transzendieren, ihn als geeignetes Mittel der Auseinandersetzung abzulehnen, ihn allenfalls in höchster Not für Leib und Leben, und dann rein defensiv anzuwenden – im Grunde aber, wo es geht, den Nicht-Kampf zu verwirklichen. Man lernt zu kämpfen, um nicht mehr kämpfen zu müssen. (Doch davon später mehr.) Schon die beiden japanischen Schriftzeichen (wie auch chinesischen, die nämlich die gleichen sind) für „Bu“-“Do“ (chin.: Wu-Dao) sprechen für sich, weil das Zeichen für „Bu“ aus dem Ideogramm „Schwert“ oder „Hellebarde“ als auch aus „Stopp“ oder „Anhalten“ besteht. Sinngemäß bedeutet das dann etwa „Das Schwert stoppen“ bzw. „Die Hellebarde anhalten“. Da „Bu“ aber auch im übertragenen Sinne für Militär oder Krieg stehen kann (siehe Bu-Gei als Bezeichnung der alten Kriegskünste (Koryu-Bujutsu), Bu-Shi für Krieger/Samurai und Bu-Shi-Do für deren „Ritterkult“) ist die Interpretation auch für „Den Kampf beenden“ zulässig, wie in der Verwendung des Begriffs Bu-Jutsu für das reine Kampf-Handwerk deutlich wird und ganz anwendungsbezogen meint, den Kampf „erfolgreich“ zu beenden, also durch Sieg – auch Sieg im Kampf.

Während aber diese Lesart ja erst durch den erklärenden Begriff „Jutsu“ für das rein handwerkliche, technische Können, zum Erfolg zu gelangen (das Schwert zu stoppen, den Kampf zu beenden) zum Synonym für siegreiches Kämpfen wird (und folgerichtig für Kampf-Sport-Arten richtig ist), gewinnt nun aber das „Bu“ durch das Suffix „Do“ im vom Buddhismus und Zen geprägten Begriff Bu-Do natürlich eine eigene, ganz andere Bedeutung.

Da „Do“ (wie wir noch genauer sehen werden) für den „Weg“ und damit für eine Lehre, taoistisch-zenbuddhistische Bewusstseinsschulung und (Lebens-)Ideologie, also für eine philosophische, spirituelle Geisteshaltung steht, muss Bu-Do (Schwert-Anhalten-Weg) sinngemäß definiert werden als der „Weg, den Kampf zu vermeiden“: Nicht durch Kampf und Sieg (Jutsu) wird der Krieg bzw. die Gewalt (Bu) beendet,

sondern durch die rechte innere Haltung und Einstellung (des Friedens) grundsätzlich vermieden, bewusst verhindert, gar nicht erst zugelassen.
Das Motto des Budo ist: "Halte das Schwert kraft Deiner auf der Wegschulung erworbenen geistigen (psycho-emotionalen, intellektuellen) Fähigkeiten an" – „Kämpfe nicht!". Oder: "Bekämpfe Deine Wut, Deine Kampfeslust", (Deine Unbeherrschtheit, Deine Eitelkeit) und "Besiege Dich selbst!". Diese Geisteshaltung ist, wie oben erwähnt, im engen Zusammenhang mit dem Zen-Buddhismus in Japan im Kontext arbeitslos gewordener Samurai entstanden, die aus den alten Kriegskünsten der Handhabung des Schwertes zum Töten von Feinden (Bu-Gei, Bu-Jutsu) nun jene Höheren Künste des Weges (Do) der Handhabung des Schwertes zum „Töten des Feindes in einem selbst", des eigenen kleingeistigen „Ich" (eben Bu-Do) schufen, zu sehen. Aus den Künsten des perfekten Tötens wurden Schulungswege der Perfektionierung des eigenen Geistes, der Disziplinierung und Erziehung des Selbst. Selbst-Beherrschung, Kontrolle des Körpers und der eigenen Gefühle stand auf dem nunmehr friedlichen Übungsprogramm.

Budo also als, recht verstanden, Weg des Nicht-Kampfes kann, um auf die ursprünglichen Begrifflichkeiten zurückzukommen, schlechterdings also schon sprachlich nicht herhalten zur falschen Etikettierung von Kampf-Sport-Arten und bloßen Selbstverteidigungssystemen, in denen es genaugenommen um gerade das Gegenteil des Gemeinten, nämlich ja um den sportlichen oder realen Sieg über andere geht. Unwissenheit oder bewusste Irreführung durch werbewirksamen Etikettenschwindel mit dem rühmlichen Budo-Geist lassen in Sport-Politik und -Wirtschaft Verbände, Vereine, Profi-Schulen und Unternehmen vom Un-Sinn des „Budo-Sports" fabulieren, des „Budo-Kampfsports", von „Budo-Kickboxen", „Budo-Meisterschaften" usw. usf., ohne jeden Sachverstand oder jedwede Scham. Budo verkauft sich gut, ist „in". Auch schmücken sich nicht nur die wirklich rein wettkampfsportorientierten und olympischen Stile wie Judo und Karate ebenso gerne wie widersinnig mit vermeintlichem Budo-Anspruch, sondern, obwohl rein japanisch, auch viele chinesische, koreanische und andere fernöstlichen Kampfsysteme. Korrekterweise geht das natürlich so ohne Weiteres nicht, da es sich ja um eine kulturelle Errungenschaft Japans und nicht automatisch des ganzen Ostasiens handelt – allerdings sei hier zugestanden, dass es in der Tat Übereinstimmungen in den als Kampf-“Kunst“ ausgeübten Systemen gibt. Immerhin haben die Kampfkünste ja einen gemeinsamen Ursprung, der auf die Jahrtausende alte Körper-Geist-Kultur Indiens (Yoga) zurückgeht, von der aus sich die Entwicklung dann später über China nach und nach in die anderen Nachbarländer vollzog.

Es soll der indische Wandermönch aus vornehmer Kriegerkaste, Bodhidharma (chin.: Tamo, jap.: Daruma), gewesen sein, der um 520 als 28. Nachfolger Buddhas über den Himalaya in das Shaolin-Kloster ins chinesische Honangebirge zog und dort eine neue Form des Mahayana-Buddhismus, „Dhyana“ (chin.: Ch'an, jap.: Zen), lehrte und die Mönche schließlich in jenen geistigen und körperlichen Übungen unterwies, die die Wurzeln des legendären Shaolin-Kung-Fu und damit aller nachfolgenden Kampfkünste Südostasiens (und natürlich auch des Budo) darstellen sollen. Dabei handelte es sich sowohl um die strenge Sitzmeditation des Zazen als auch jene gymnastischen Übungen, die als die „18 Hände der Buddha-Schüler“ (Shipa-Lohan-Sho) bekannt sind. Sie gelten trotz sicherer Vermischung mit vorher existierenden taoistischen Atem- und Körperübungen Chinas als entscheidende Grundlage der im Laufe der Jahrhunderte dann weiterentwickelten sog. äußeren, „harten“ (Wai-Chia) Stilrichtungen, als auch der inneren, „weichen“ Schulen (Nei-Chia) des Kung-Fu bzw. der „Wissenschaft vom Faustkampf“, Ch'uan-Fa (jap.: Kempo), die ihrerseits maßgeblichen Einfluss auf okinawaische, japanische, koreanische, malaysische, indonesische usw. Kampfkünste späterer Zeit hatten.
Es sei an dieser Stelle nochmal ausdrücklich betont, dass die Kampfkünste also ursprünglich im Kloster entwickelt und von religiös inspirierten Mönchen betrieben wurden, was deren originär unkriegerischen, gewaltlosen, ja friedlichen (nämlich buddhistischen) Anspruch unterstreicht und natürlich ganz im Widerspruch zu den heutigen Auswüchsen, Fehlentwicklungen und Missverständnissen in der Szene

steht, in der es um Gewalt legitimierende (Sport) oder ausübende Facetten oder bloße Macht, Prestige und Status, Geld und sonst welche Äußerlichkeiten geht. Dieser gemeinsame Ursprung aber, gemeinsame Geist und gemeinsame Tradition, bei der es auf die Entwicklung und Vervollkommnung des ganzen Menschen und seines spirituellen Wesens durch praktische Übungen des Körpers und der Technik, der äußeren und inneren Energie, des Geistes (Spiritualität) und des Herzens (Gefühl) angelegt ist (Waza, Ki, Shin) – und in manchen Kampf-Künsten ja auch noch eine Rolle spielt – sowie die Orientierung an den grundlegenden Wesensmerkmalen (Bu, Do, Dojo, Reigi, Shitei, Zen) rechtfertigen es, auch bei nicht-japanischen Systemen, der Idee willen, ganz übergeordnet von „Budo" zu sprechen.
Fest muss stehen, dass es vorrangig nicht um Sport, Sieg und Niederlage oder reine Selbstverteidigung geht, wenn man von Budo reden will. Da nützt es auch nichts, plötzlich von „klassischem" oder „traditionellem" Karate zu sprechen, es einfach Karate-"Do" zu benennen, wenn das Wesentliche fehlt. Wenn das Kämpfen nicht als Übungsmittel, die eigene innere Haltung zu vervollkommnen, ein „besserer" Mensch zu werden, genutzt wird, sondern zur Erlangung äußeren Erfolges, pervertiert das Ziel. Wer keinen wirklich eingeweihten Lehrmeister (Sensei) und damit keinen Zugang zur wahren (inneren, „geheimen") Lehre des Bu-do (Okuden) hat, wird bei seinem „Trainer" oder nur Übungsleiter allenfalls in den Techniken der äußeren Lehre (Omote) unterrichtet, ohne als „echter Budo-Schüler" (Uchi-Deshi) über den Status des Formen-Schülers (Soto-Deshi) jemals hinauszukommen. Jonglieren mit den bedeutsamen Begrifflichkeiten bringt da auch nichts, weil auch unter dem Deckmäntelchen des XY-"Do" und Budo oder der Kampf-"Kunst" im Sport keine existentielle Auseinandersetzung mit den traditionellen Werten und der Persönlichkeit-bildenden Weg-Schulungskultur stattfindet und man so doch nur Opfer wie Täter weiteren (Selbst-)Betrugs wird.
Die 6 Wesenselemente des Budo, also jene grundlegenden, Budo definierenden Inhalte und auf den Menschen positive Wirkung entfaltenden Anteile (wie sie daher auch in der Ausbildung der Budo-

Pädagoginnen und Budo-Pädagogen gelehrt werden), werden nachfolgend erläutert.

BU – Der Friedvolle Krieger

Wie wir bereits gesehen haben heißt „Bu“ als Zeichen für „Schwert-Stopp“ zunächst erst einmal so viel wie „Kampf“ im weiteren Sinne. Der Kampf ist damit natürlich das zentrale Thema des Weges des Bu, auch, wenn es letztlich ja darum geht, ihn zu „stoppen“, zu beenden bzw. zu vermeiden (-do). Der Kampf, die rechte Kunst des Kampfes, ist des Budo Inhalt, Methode, Dreh- und Angelpunkt der Ausübung und Ausbildung. Es geht darum, Kämpfen zu lernen, um es nicht mehr zu müssen – aber eben doch ums Kämpfen-lernen.
Das ist das Besondere. Budo ist ein Weg des Friedens, den ausgerechnet im Kampf systematisch geschulte, bestausgebildete „Krieger“ praktizieren, in dem sie als (wohl als Könner auch mutmaßliche Sieger) souverän „über den Dingen stehen“ und Gewalt als Lösungsmittel für Konflikte konsequent ablehnen.

Diese Budo-“Krieger“ sind friedvoll, zum Sanftmut fähig (mutig genug) und zum Gewaltverzicht entschlossen. Sie sind geschult, sich zu beherrschen, jedwede Kampfhandlung zu unterlassen, und, wenn überhaupt, nur in echter Not als Verteidigung für Leib und Leben anzuwenden, falls es gar nicht mehr anders geht. Sie haben gelernt, sich selbst zu besiegen – auch ihre Wut und Angst, die zumeist Auslöser sind von Gewalt und Kampf. Traditionell ausgebildete Budo-ka sind keine Kampfsportler, schon gar keine Streetfighter oder unkontrollierte, aggressive Schläger. Sie sind allerdings, wie gesagt, in der gegenwärtigen Szene, die vom modernen Kampfsport geprägt ist, in der absoluten Unterzahl. Bedauerlicherweise sind sie „out“. Zunächst, es stimmt leider: Die, die sich um das „wahre" Budo, das Wesen der Kampfkünste, das Verständnis vom „Do" als körperlich-geistigen Schulungsweg bemühen, stehen im Abseits des Geschehens, werden vom Gros der

Aktiven und der Verbands-Funktionäre allenfalls abschätzig belächelt. Die Traditionalisten, die sehr vereinzelt und ohne offizielles oder öffentliches Sprachrohr die Versportung des Budo, vor allem im Bereich des Karate, kritisieren, werden entweder als Querdenker links liegen gelassen oder als Störenfriede ausgegrenzt.
Sind die Budo-Disziplinen wirklich zwangsweise den heutigen, zumal typisch westlichen Bedingungen anzupassen? Ist der sportliche Sieg über einen Gegner denn nur noch das eigentliche Ziel, der einzige übriggebliebene Sinn gekonnten Kämpfens, der Kampfes-"Kunst"? Ist nur der zunehmend ja durch Körperkontakt oder besser noch durch K.O. sichtbare, rein äußerliche Erfolge im Karate (bzw. im Budo ganz allgemein) etwa entscheidend, nur weil es dem Zuschauer so gefällt? Unbestritten geht es in jedem Sport irgendwie um vergleichbare Leistungen. Das ist eben auch ein Aspekt im Karate, durchaus legitim – aber eben nur einer. Und wem Wettkampf- und Leistungssport-Karate liegt (das sind ohnehin nur wenige), soll in diesem Bereich sein Glück suchen; wer Interesse an Breitensport- und Vereins-Karate hat, soll sich dem widmen, soll dieses Sportkarate wie jede andere Sportart auch mit Eifer und Freude betreiben.

Es geht hier nicht darum, das moderne Sport-Karate und seine Anhänger, die die Qualität einer Technik nur nach ihrer jeweiligen Effektivität im Zweikampf (Kumite) oder die Qualität einer Kata nur hinsichtlich ihrer Wettkampftauglichkeit (Dynamik, Geschwindigkeit, Akrobatik) zu beurteilen, schlecht zu machen. Jedem das Seine. Wer sich jedoch für das ursprüngliche, originäre Budo als Kampf-"Kunst" und demzufolge für das traditionelle Karate-Do interessiert, sucht hinter den Äußerlichkeiten der Bewegung, der Technik, des Sieges, nach dem wahren, tieferen Sinn des Ganzen. Und hier sucht er richtig, denn die eigentliche Bedeutung der Karatedo- (und Budo-)Praxis erschließt sich erst in der Tiefe (Okuden), nicht in der Oberfläche bloß äußerer Form (Omote). So wenig z. B. ein Schwarzgurt, nur weil dieser eben einen Schwarzgurt <u>hat</u>, ein guter Karate-Lehrer oder gar ein Karate-"Meister" (Sensei) <u>ist</u> – weil die dazugehörigen Qualitäten nicht in den Äußerlichkeiten wie der Farbe eines Gürtels, sondern im dahinter liegenden

Können, Wissen und Verständnis vom Karate und Wesen des Budo begründet ist – so wenig ist Karate-Sport gleichzusetzen mit Karate-Do. Hier gibt es ganz fundamentale Unterschiede in der Theorie und in der Praxis, in der Erwartung des jeweiligen Aktiven vom Unterrichtsstoff, im Anspruch an sich selbst, seinen Trainer bzw. Lehrer, an die Kameraden oder Mitschüler sowie im Betreiben, Trainieren, Üben oder „Studieren" der Disziplin. Aus der Sicht der Traditionalisten, der Verfechter der ursprünglichen, also alten Budo-Ideale und -Inhalte, den primär an der Kampfkunst als Schulungs-, Reifungs- oder gar Lebensweg (Do) interessierten Karate-ka, liegt das Geheimnis der „wahren" Karate-Do nicht im Kampf gegen irgendwelche Gegner, sondern im Kampf gegen sich selbst: Nicht der bereits beschriebene „äußerliche" Erfolg des Sieges über einen anderen, sondern der „innere" (nicht so leicht sichtbare) Erfolg des Sieges über sich selbst, der Erfolg des Sich-selbst-Erkennens, Sich-im-Griff-Habens, Über-sich-hinaus-Wachsens, sprich: der „Arbeit" an seiner eigenen Persönlichkeit via Kampfkunst, via Karate-Do. Das eigentliche Ziel, Wesen und Prinzip des traditionellen Karate-Do ist der Kampf mit sich selbst, der Kampf gegen seine eigenen Unzulänglichkeiten, Unsicherheiten, Schwächen und Fehler. Zu lernen, mit sich selbst, eben mit seinen persönlichen, individuellen „Macken" zu ringen, an sich zu arbeiten, um eine reife(re), ausgeglichene(re), friedfertige(re) Persönlichkeit zu werden, steht im Mittelpunkt des Karate-Do als Schulungsweg und Charakterschule, des Budo, des rechten Lernens und Begreifens vom Wesens des „wahren Kampfes". Dabei ist es, nebenbei bemerkt, ein Irrtum anzunehmen, dass die Traditionalisten nur etwa deshalb, weil sie sich nicht nur mit den rein sportlich-körperlichen Aspekten, sondern eben auch noch mit den wesentlichen geistigen Aspekten des Karate-Do beschäftigen, technisch oder kämpferisch schlechtere Karate-ka seien, als die, die sich gar nicht erst mit dem geistigen „Ballast" auseinandersetzen. Die Karate-Techniken und -Bewegungen sind ja (in etwa) dieselben, nur deren Bedeutungen werden unterschiedlich bewertet.

Was sind denn nun die inneren Werte, die den Kampf in der Kampf-Kunst bestimmen, den Kampf mit sich selbst ausmachen? Dieses zu

beschreiben ist eine der Schwierigkeiten, die dem „geistigen" Wesen des Do als Praxis von (Zen-) Philosophie oder „Reifungspsychologie“ zugrundeliegen. Diese Werte sind kaum zähl- und messbar. Sie unterliegen im Wesentlichen immer der eigenen Beurteilung, der ständig notwendigen Selbstkritik, nämlich der Erkenntnis eigener charakterlicher Schwächen und Fehler, die es zu „bekämpfen", zu „besiegen" gilt. Dabei sind typische Unzulänglichkeiten, allzu menschliche individuelle Macken auch im Training – besonders im Zweikampf – häufig ganz offensichtlich.
Ein guter Lehrer (Sensei) und ein fortgeschrittener Schüler erkennen diese persönlichen Defizite, deren Bearbeitung das Ziel im Karate-Do dann wird. Sie gilt es im (nur vordergründigen) Zweikampf zumindest auch zu bekämpfen. Dazu eignet sich besonders das nicht-wettkampforientierte Randori, der nicht verbissene Zweikampf: Der andere ist dabei nicht der zu bezwingende Gegner, sondern der hilfreiche Partner. Er stellt sich quasi zur Verfügung, damit der andere im „äußerlichen" Zweikampf gleichsam seinen „inneren" Kampf mit sich selbst führen kann, sich darum bemüht, seine charakterlichen Schwächen in den Griff zu kriegen, sich darin übt, sie zu erkennen und abzubauen. Solche, z.T. ja auf jeden Menschen zutreffenden und von daher auch jedem selbst bekannten Schwächen und Fehler lassen sich auf zwei Polen festmachen, nämlich einem eher offensiven und einem eher passiven Pol. In einem von diesen gegensätzlichen Polen menschlichen Fehlverhaltens begründeten Spannungsverhältnis liegen die je unterschiedlichen Aufgaben des Einzelnen, des Kampfes mit sich selbst im Karate-Do. Die Ausbalancierung von Extremen ist das Ziel, die Übung gerade im Karate-Kampf ist der Weg dorthin. Die sich stellenden Aufgaben werden sehr wohl im Karate selbst, also im Kumite oder Randori, im Verhalten den anderen gegenüber oder im Verhalten während des Unterrichts sichtbar, aber natürlich auch im alltäglichen Leben.

Karate-Praxis ist wie eine Lupe für das Leben im Alltag, ein Brennglas für die menschlichen Eigenarten und deshalb auch eine Chance, sich hier zu erkennen, sich hier zu üben, um sich dann grundsätzlich zu

verändern. Der offensive Pol ist dabei bestimmt durch zu sehr nach außen gerichtete Einstellungen und Verhaltensweisen wie z. B. Geltungssucht, Übermut, Imponiergehabe, Arroganz, Siegeseifer, Profilierungssucht, Machtphantasien, Sich-Beweisen-Müssen, Aggressivität, Größenwahn, Leistungsorientierung, Über-Aktivität, Risiko-Lust, Zerstörungswut, Rücksichtslosigkeit, Egoismus, übertriebene Härte, Gefühlskälte, Übereifer, Schauspielerei, Karrierismus, Besserwisserei, Machotum, Streitsucht, Ramboismus, Gewissenlosigkeit...
Der passive Pol ist gekennzeichnet durch eine zu sehr nach innen gerichtete Orientierung, die sich bemerkbar mache z.B. in: Mutlosigkeit, Versagensängste, Hilflosigkeit, Orientierungslosigkeit. Misstrauen, Pessimismus, Abhängigkeit, Unsicherheit, Stillstand, Kontrollverlust, Sicherheitsdenken, Lustlosigkeit, Selbstmitleid, mangelnde Spontaneität, Verweichlichung, mangelnde Konfliktfähigkeit, Autoritätsglauben, Resignation...
Im Abbau dieser Extreme oder aber auch im Lernen, damit umzugehen, liegt der Kampf gegen sich selbst. Das eine Extrem des Offensiv-Pols basiert auf Selbstüberschätzung, das andere des Passiv-Pols auf Selbstwertzweifeln. Beides wird im Karate sichtbar. Man sieht es leicht bei dem Anderen, weniger bei sich selbst. Man kämpft ja auch leichter mit einem anderen, als mit sich selbst. An sich selbst zu arbeiten, ist unbequem, der Erfolg nur schwer und langwierig zu erzielen, der Sieg über sich selbst ist allzu häufig nur zeitweise, kurzfristig, oft nur für den Augenblick. Und doch so wichtig.
Sich selbst nicht beweisen zu müssen, zumal in der Kampfsituation mit Partner, ist die eigentliche Karate-Do-Schulung, die leicht über die Lippen gehende Karate-Do-Philosophie und so schwer zu meisternde Karate-Do-Praxis. Wer kennt nicht das Bedürfnis, sein Können, seine Überlegenheit den anderen spüren zu lassen, ihm zu zeigen, dass man gut, dass man besser ist als er?
Sich zu beherrschen, zu (be-) zwingen, macht aus der -vermeintlichen- Niederlage (in den Augen des anderen) aber den eigentlichen Sieg. Den Sieg über sich selbst. Aber auch sich nicht zu trauen, sich unterlegen zu fühlen, unsicher zu sein, ist ein Handicap in einer Kampfsituation mit Partner. Mut zu fassen, sich zu stellen und aktiv zu werden, ist

hier der Erfolg, der eigentliche Sieg. Auch bei formaler Niederlage gegen den „Besseren". Der Kampf gegen sich selbst im Karate-Do und somit im Budo überhaupt liegt in dem Versuch der Harmonisierung seiner selbst, der Überwindung von Selbstüberschätzung und Selbstwertzweifeln. Ziel des so verstandenen und betriebenen Budo ist es, durch Training und Übung zu einer realen Selbsteinschätzung zu gelangen, Selbstvertrauen und Selbst-bewußt-Sein zu entwickeln. Über den Weg des Budo lässt sich dies lernen. Da die selbstsichere Persönlichkeit auf der Grundlage von Können, Wissen und Verständnis (also von Kompetenz) angemessene Selbst- und Nächstenliebesfähigkeit entwickeln kann und von daher zu Mitmenschlichkeit, Solidarität und Friedfertigkeit fähig ist, ist solche Budo-Praxis immer auch ein Weg zur Gewaltlosigkeit. Auch sind die Ausbildungsinhalte der jeweiligen Kampfkunstrichtung, wenn es um die Ausbildung „Friedvoller Krieger" gehen soll, natürlich konsequent darauf ausgerichtet, immer weniger aggressiv, gewalttätig und offensiv auf Angriffe reagieren zu müssen.

Ob ein Stil tatsächlich einen systematischen Lehrplan hat und verfolgt, mit zunehmendem Können (Weg-Fortschritt) friedlicher zu reagieren (zu können), ist ein entscheidendes Kriterium und echter Gradmesser für Budo. Immerhin muss ja der Unterricht, die Ausbildung Friedvoller Krieger, die jeweiligen Budo-Schüler ja auch tatsächlich befähigen, bei Angriffen immer weniger gefährliche und schmerzhafte Techniken einsetzen zu müssen. Das ist eine „hohe Kunst" – weit schwieriger, als mit relativ einfachen, schnell-starken Brachialtechniken einen Gegner niederzustrecken. Auf dieser recht primitiven Lernstufe (die auch Jahre dauern und so Manchen zu brillanten, sportlich wie real unbesiegbaren „Top"-Kämpfern machen kann) – bei allem Erfolg – stehen zu bleiben, wäre auf dem Budo-Pfad (zum Frieden) lediglich eine oberflächliche Anfänger-stufe.

Ein Blick darauf, wie der stufenweise „Gewaltabbau" im Lehrplan des Budo-System des Shoto-Kempo-Ryu realisiert wird (einem technisch vielseitigen Kempo-Stil, der sich in der Nachfolgetradition des Shaolin,

jap.: Shorinji, begreift), mag die Systematik des Weges zum „Friedvollen Krieger“ exemplarisch verdeutlichen:
In seiner insgesamt 9-stufigen Ausbildung lernt der Schüler zunächst das effektive Kämpfen im Sinne des Bu-“Jutsu“, also der erfolgreichen technischen Anwendung seines Kunsthandwerks. Diese Ebene hat 3 Stufen:

1. Zuvorkommen
Dem angreifenden Gegner bzw. seinem beginnenden Angriff wird durch eigene schnelle Attacke rechtzeitig (aber nicht voreilig!) durch einen Konter zuvorgekommen (Sen-no-sen: die Initiative im Angriff), bevor der Angreifer seinen Angriff ganz ausgeführt hat; was taktische und technische Weitsicht (Erfahrung) und technische Fähigkeiten (überlegene Schnelligkeit) voraussetzt.

2. Kontern, Kombinieren
Angriffe werden – gleichzeitig oder nacheinander – geblockt und mit eigenen Schlag-/Trittttechniken gekontert, (erfolgloser) Schlag wird mit (erfolgreichem) Gegenschlag beantwortet, Gegner durch „Härte“ (Wucht, Dynamik, Ki) vom Ende (Sieg durch K.O.) oder der Sinnlosigkeit des Kampfes eindeutig überzeugt, durch Variation von Techniken (Kombinationen) besiegt.

3. Fixieren, Immobilisieren
Angriffe werden „aufgenommen“ und in Festhaltegriffe (Hebel) sowie durch alarmierenden Schmerz bedingte endgültige Fixierungen (z.B. am Boden) überführt, die jede weitere Aktion des Aggressors verunmöglichen, der Gegner wird durch Haltegriffe bewegungsunfähig gemacht, zur Aufgabe gezwungen.

Die nächsten 3 Stufen bedürfen kämpferisch-technischer Vielseitigkeit und größerer psycho-emotionaler Souveränität; sie bedienen in gewissem Sinne eine „Aikido“-Haltung des schon gewaltvermeidenden Friedvollen Kriegers im Sinne des Bu-“Do“. Auf dieser 2. Ausbildungs-Ebene sind dies die Stufen:

4. Blocken, Lähmen

Angriffe durch „harte“, schmerzhafte Blocktechniken abwehren, die körperliche (Waffen) und geistige (Kampfmoral) Energie „lahm“-legen (Kyusho, Atemi, Tsubo-Techniken); physische, also muskuläre, nervale oder knöcherne Strukturen einerseits und /oder die Psyche des Angreifers andererseits – am besten beides und gleichzeitig – „schocken“, ohne eigene „Finaltechniken“ anzuwenden bzw. anwenden zu müssen, der Gegner wird lediglich mit Erfolglosigkeit seiner Angriffe deutlich „bestraft“ und gezwungen, seine Aktionen (durch Einsicht) einzustellen.

5. Umlenken, Verwandeln

Angriffen eine andere Richtung und Energie geben, sie durch eher „weiche“, fließende, kreisrunde Umlenktechniken z.B. in andere Bahnen führen, sie bei Schub (Stoß, Tritt des Angreifers) durch Zug oder bei Zug (Griff, Hebel) durch eigenen hinzugefügten Schub, dem Aggressor zurückgeben, unvermittelt weiterführen, ins Gegenteil verwandeln.

6. Ausweichen

Ist es für prophylaktisches Ausweichen (bis zur eigenen physischen Abwesenheit) zu spät, gilt es, den auf sich selbst gerichteten Angriffen auszuweichen; d.h. verbalen Attacken durch Ignorieren, Bagatellisieren, Ironisieren (...), und körperlichen Attacken durch technische Manöver: Allen Schlägen und Tritten das Ziel nehmen, durch Wegdrehen, Abtauchen ausweichen, so dass nicht getroffen werden kann und dem Aggressor „die Luft ausgeht“, die Angriffslust vergeht; Tai-Sabaki.

Die 3. Ebene der letzten 3 Stufen entspricht der moralisch-ethischen Haltung und spirituellen Weitsicht wie sozialer Kompetenz des Wesens von Butsu-Do (dem Weg des Buddhismus). Diese höchste Ausbildungsetappe ist das eigentliche Ziel und bedeutet die „wahre Meisterklasse“ im Budo:

7. Verlassen / Weggehen

Wenn Aggression beginnt, den Ort oder Aggressor verlassen, die „Flucht“ ergreifen, den Rückzug antreten, Kleinbeigeben, Nachgeben, die vermeintliche Niederlage einräumen, Angst oder Unterlegenheit vortäuschen, um einen Kampf zu umgehen (Niederlage als Sieg!).

8. Vermeiden / Nicht-Da-sein

Orte, an denen Gewalt entsteht oder auch Personen, die gewaltbereit sind, meiden, vorausahnend konfliktäre Situationen umgehen, vorsorglich durch absichtliche Abwesenheit keinen Angriffspunkt bieten.

9. Verhindern / Verbieten

Höchste Stufe der Friedfertigkeit, impliziert aber auch „Macht“, Autorität oder Charisma oder gar die kämpferische Kraft, Stärke, Überlegenheit eines Großmeisters, seinen Einfluss auszuüben, um Aggressoren an ihrer Gewaltausübung zu hindern; politisch, moralisch, präventiv-erzieherisch, durch Verbot...

Insgesamt geht es im Budo um die durch Erfahrung im Kampf und durch zunehmende technische wie mentale Selbstbeherrschung am Ende gewonnene Erkenntnis: Kampfkunst ist die Kunst, durch das Kämpfen-Lernen und Kämpfen-Können den Kampf zu transzendieren und den Nicht-Kampf zu verwirklichen! Nur dann ist Budo eine echte Ausbildung „Hoher Kunst“, eine Kampfkunst und Lebensart, der Weg der „Friedvollen Krieger“.

DO – Der Weg ist ein Kreis

Dass der Weg das Ziel ist, ist uns durch das oft zitierte japanische Sprichwort bekannt – nicht aber die wahre Bedeutung wirklich vertraut, das dahinter stehende Prinzip etwa zu eigen. Den Budo-Künsten schon – basiert doch ihre ganze Ideologie auf genau diesem „Do"-Verständnis, wonach das Gehen und Vorankommen auf dem Weg das Entscheidende ist, nicht das endliche Ankommen. Nicht das Erreichen von Etwas ist wichtig, sondern das Bemühen; nicht das Ergebnis, sondern der Prozess dorthin.
Wenn nicht ein Ziel das Ziel ist, sondern der Weg selber, jeder einzelne Schritt, der den Weg, den man geht und zurücklegt, unter den eigenen Füßen erst entstehen lässt, ist das Gehen, das Tun entscheidend. Das Üben ist wichtiger als das Können. Üben des reinen Übens willen (nicht des bloßen Perfektionierens willen) ist das Eigentliche, das zentrale Lehr- und Lerngebäude im Budo, weil das Üben als solches so lehrreich ist und den Menschen bildet.

Das Üben an sich, ein- und dasselbe immer und immer wieder, und jedes Mal so, als sei es das Erste Mal, ist, was sowohl dem besseren Lernen und Verstehen des zu Übenden dient, wie dem Menschen, weil es den Charakter des Übenden schult.
Auf genau diese Weise, in der man sich einer Übung zum tausendsten Mal immer wieder neu stellt, unvoreingenommen, mit offenem Geist und Herzen, stets neugierig auf die der Übung innewohnende Erfahrung, entsteht Fortschritt auf dem Weg des Budo:

Fortschritt im „tiefen" (im Zen-Sinne des auf den Kern einer Sache konzentrierten) Durchdringen des geübten Inhalts, wie Fortschritt im auf Selbsterfahrung angewiesenen Reifen der Persönlichkeit. Das befördert die „Meisterschaft"; und zwar im technischen wie geistigen Kontext des Vorankommens. Diese Idee, am Üben der reinen Übung willen zu wachsen, geht im Budo so weit, dass wenn irgendwas tatsächlich nahezu vollkommen beherrscht wird (ein Schlag, Block, Tritt,

eine Form), eben neue Aufgaben auf die Übenden zukommen; Ausführungsalternativen, zusätzliche Bewegungen oder neue, andere Techniken, anspruchsvollere Kata, um die Schwierigkeit wieder zu erhöhen und weiteres Lernen zu fördern.
Denn „Können" von Etwas zählt auf dem „Do" weniger, als der Eifer und Fleiß, es zu erlernen. Anstrengungen, das Bemühen, das Arbeiten an Etwas, es zu „studieren", das Werden gelten als wertvoll und werden höher bewertet und geschätzt, als das Fertigsein, das nur Stillstand ist. Ein Lehrer also, der sich selbst nicht mehr als Lernender, als Schüler begreift, hat verwirkt, Sensei, also Lehrer im Sinne des Weges zu sein. In der Budo-Philosophie und -Praxis ist es wichtig, dass es immer weitergeht, nie aufhört, es kein Ende, keine Perfektion, keinen Zustand des irgendwann irgendwo Angekommenseins gibt, weil jedweder (Lern-)Stillstand Tod bedeutet. Das Werden, Wachsen, die Wandlung, fortwährendes Streben, vorwärts und voran bezeugen hingegen Leben und führen zu steter, nie endender Vervollkommnung.
So sind also alle Budo-Weg-Künste im Prinzip auf lebenslange Aus-Übung hin angelegt, so schwierig und kompliziert, dass man nie auslernen kann, und so einfach und klar, dass man jederzeit genau weiß, was in welchen „Dosen" zu bewerkstelligen, zu leisten ist. Denn jeder Weg hat seine Streckenabschnitte (Shu – Ha – Ri) und Lernstufen (Kyu-Grade der Schüler, Dan-Grade der Meister, Renshi – Kyoshi – Hanshi -Grade der Lehrer), in denen das jeweils zu Bewältigende dem Weg-Schüler in vernünftigen Etappen zur Aufgabe gemacht wird. Endlos. Im Budo lernt man niemals aus – und wer meint, er könne, wisse und verstehe alles, hat nichts begriffen. Alles ist steigerungsfähig, verbesserbar, nichts jemals wahrhaft vollendet. Ist eine Stufe erreicht, gibt es keine Pause, kein Ausruhen im Stolz und Erfolg, weil man nun auf der neuen Stufe wieder Anfänger ist. Stufe für Stufe, Weg-Schritt für -Schritt, fort und fort, sind Fortschritt. Die Kultivierung dieses Anfängergeistes (Seishin) ist ein elementares Anliegen der Weg-Künste. Ohne ihn erstarrt bisher Gelerntes und bis dahin Gekonntes zur toten, bloß äußeren Form auf der einen Seite und selbstherrliche Koketterie und Eitelkeit auf der anderen Seite.

„Do“ lehrt die Bescheidenheit, zu wissen, dass man immer zu wenig, ja eigentlich nichts weiß – und zwar umso bestimmter, je mehr man weiß (oder meint, zu wissen). Profilierung mit technischem Können, mit Brillanz, Leistung und Erfolg ist dem Wesen des Budo fremd (und allenfalls akzeptabler Aspekt des Sports). Es gilt, anzuerkennen, überzeugt zu sein davon, dass Budo ein innerer Schulungsweg ist, dessen besondere Qualität gerade darin besteht, dass er niemals zu Ende ist und jedem, der ihn gehen will, unaufhörlich Neues verspricht. Manchmal ist es aber gerade das, was dem modernen Menschen, der bei uns in erster Linie zu Leistungsorientierung erzogen wird, so fremd, gar zuwider ist, Angst macht und Unbehagen bereitet. Etwas nämlich zu tun, das nicht verspricht, irgendwann abgeschlossen und belohnt zu werden, wenn man damit „fertig“ ist, entspricht ja nicht unseren westlichen Gewohnheiten und unserem Denken, unserer Mentalität und hiesigen Lebenskonzepten. Es ist aber typisch asiatisch, ist Budo. Der einzige Lohn im Budo ist stetig wachsende Erkenntnis – und die Aussicht, dass es sogar noch immer weiter geht...
Der unendliche Weg wird daher oft als Kreis (Dokan) dargestellt, um zu verdeutlichen, dass selbst in der Wiederholung, wie in einer endlosen Spirale, das vermeintlich Selbe auf höherer Stufe, auf fortgeschrittenem Niveau beleuchtet und neu, als etwas Anderes gelernt werden kann – auch als „Meister“ wieder mit den Augen eines Anfängers: Der einfache Fauststoß ist für den Schüler wie den Meister (auch nach zigtausendfacher Ausführung im Laufe vieler Jahre) eine stetige Herausforderung – auf unterschiedlichem Qualitätsniveau zwar, aber doch kann jeder ihn verbessern. Es geht immer noch genauer, schneller, weicher, mit mehr Energie, effektiverer Atmung, ökonomischerer Ganzkörperbewegung, einer kleinen technischen Veränderung, die das Ganze noch besser macht. Oder mit mehr Bewusstheit, einer gesteigerten Achtsamkeit, die Wirkung auf sich selbst wahrzunehmen, die Bewegung feinstofflich im Fluss zu spüren, sie zu sein, über sie, mit ihr zu meditieren...
Wenn rein physisch eine Technik, Bewegung, äußere Form nach menschlichen Grenzen „ausgereizt“ ist, beginnt die „innere“, mentale, psycho-emotionale, intellektuelle und spirituelle Praxis derselben.

Dann ist der Geist leer, frei von körperlicher Gebundenheit ans motorische Lernen, und Zen in der Bewegung kann beginnen. Kampfkunst ist Bewegungsmeditation. Die Technik ist dann nicht mehr Technik, sondern ein Teil von mir, ja ich bin die Technik selbst. Verbessere ich sie, verbessere ich mich selbst – und umgekehrt!
„Do“ heißt, dem Üben einen Sinn zu geben, einen neuen, anderen Sinn, der das Tun selbst zum eigentlichen Wert des Übens erhebt. Budo ist ein Weg der Praxis. Man kann ihn nur durch das eigene Gehen gehen, durch Üben der Übung willen, nicht durch noch so intelligente Analyse, Lesen, Debattieren, Reflektieren – es ist ein Weg, der erst durch die eigenen Schritte unter den eigenen Füßen entsteht. Nur die Erfahrung zählt; und wie lange man sich bemüht, nicht welchen Rang man hat (das muss nämlich keineswegs immer korrespondieren).
„Do“ ist auf Dauer angelegt. Er entfaltet seine Wirkung und eigene Qualität erst im jahrelangen Beschreiten. Aber er hält auch Hürden bereit, Steigungen, Gefälle, Dschungel-Dickicht wie öde Wüsten und sumpfiger Morast, Abgründe gar. Doch alle diese Schwierigkeiten sind stets selbst gemacht, denn es ist ja der eigene Weg, den man sich macht – und wer sich, lieber schnelle Abkürzungen sucht, Abwege (als Irrwege) inkaufnimmt, dem hat entweder ein Lehrer gefehlt, ein kompetenter „Scout“ als Weg-Führer, oder man hat eine Persönlichkeit, die für die Lehre und Praxis des Budo unerreichbar, ungeeignet ist, weil man gar keine Weisheits- und Lebenslehre oder Charakterschule sucht, sondern nur schnellen Erfolg (Schwarzgurt, Prestige, Geld).

„Do“ ist darauf angewiesen, von jemandem, der um die besonderen Schwierigkeiten des Weges aus eigener Erfahrung weiß, begleitet zu werden, von einem Sensei. Nur ein Weg-Lehrer kann Schüler auf ihren Weg führen, sie motivieren, niemals aufzugeben und alle Anstrengungen auf sich zu nehmen, die Richtung zeigen, die hilfreiche Hand reichen, Vorbild sein. „Do“ ohne echten Lehrer gibt es gar nicht, ohne echten Schüler, denn „Do“ ist nicht Sport oder Hobby. Es ist eine Lebens-Philosophie und -Praxis sowie systematische Schulung der Weiterentwicklung von Persönlichkeit durch Zen-orientiertes Bewusstseinstraining im Tun von Immer-wieder-demselben auf immer wieder neue Art.

„Do“ und Zen sind die spirituelle Basis der Kampfkunst, die Kriterien, die dem Üben und Lernen jenen Geist geben, die ihn über das bloße Trainieren des Körpers, Bewegung und Technik hinausheben. „Do“ hat eine Tradition, eine Jahrhunderte alte Kultur, die weit mehr ist, als es eine kleine Wort-Silbe bloß neusprachlichen Anhängsels an die Namen moderner Kampfsportarten zu etikettieren vorgibt. Zum wahren „Do“ gehört essentiell, dass die ganze Theorie und Praxis allein der inneren Schulung des Menschen gewidmet ist und nicht der Orientierung an äußeren Zielen sportlichen Erfolgs.

Es gibt kein Sport-Karate-Do oder etwa einen Budo-Sport, keinen Retorten-Zwitter, sondern wirklich nur ein Entweder-Oder, Ganz-oder-gar-nicht. Was heutzutage versucht wird, ist, in das moderne Karate "Do"-Aspekte zu integrieren, aber wenn dies halbherzig geschieht und sich auf das Üben der Schüler nicht auswirkt, ist das Augenwischerei und dem Zeitgeist geschuldet, mit den traditionellen Budo-Werten auch die gänzlich davon unterschiedenen olympischen Kampfsportarten Image-fördernd aufzupolieren. „Aerobic-“ und „Sound-Karate“ als „Karate-Do“ zu verkaufen, ist entweder reine Unwissenheit oder, das ist schlimm, sportpolitischer Etikettenschwindel. So was führt dazu, dass in der Öffentlichkeit immer mehr die originär völlig unvereinbaren Grenzen von Budo und Wettkampf verwässert werden, das Wesen des Budo entstellt, der Sinn pervertiert wird. Der Sport kann „Do“ nicht für sich vereinnahmen; er zerstört die eigentliche Intention des Weges, der sich selbst Wert genug ist.
Die wenigen und kleinen Budo-Systeme, -Schulen und -Dojo, die in dieser modernen, auf Profit und Kurzlebigkeit ausgerichteten Welt noch existieren, sind wie zarte, herrlich blühende wilde Wiesenblumen, die der massenhaften Monokultur-Anpflanzung von im Labor gezüchteten Gen-Mais geopfert werden. Leuchtende Pokale zählen den meisten Menschen halt mehr, als Erleuchtung – und andere zu besiegen ist auch leichter, als sich selbst...

DOJO – Wo der Weg geübt wird

Dojo – der Tempel

Dojo, wörtlich „Ort, an dem der Weg geübt wird“ und ursprünglich ein Begriff aus buddhistischen Klöstern für die Meditationshalle der Mönche, meint im Budo ebenfalls zum einen den konkreten Raum für die Übungen, hier der theoretischen wie praktischen Lehre der jeweiligen Kampfkunst, zum anderen aber auch die eigene Gruppe der regelmäßig miteinander Übenden, sprich Mitschüler bzw. Mitglieder derselben Schule oder des Vereins.
Ein Dojo also zunächst als Ort, an dem der Weg geübt, d.h. Do praktiziert wird, ist demnach aber mehr als nur eine Turnhalle oder ein Trainingsraum. Eine öffentliche Turnhalle, in die Kampfsportler eines Vereins in Ermangelung eines eigenen Gruppen- und Übungsraumes häufig gezwungen sind, zu gehen, ist natürlich schon deshalb kein Dojo im eigentlichen Sinne, weil es nicht allein der Ausübung der eigenen Kampfart gewidmet und nicht gezielt daraufhin eingerichtet ist. Immerhin teilt man sich die Halle mit Freizeit- (und manchmal auch Leistungs-)sportlern aller möglichen und weitverbreiteten Ball-, Geräte- und Individualsportarten, zu deren Training der Hallenboden mit unterschiedlichsten Markierungen für verschiedene Disziplinen gekennzeichnet ist. Auch dominieren hier sportartspezifische Besonderheiten (Tore, Körbe, Netze, Seile, Kletterwände, Bänke, Kasten) und technisches Equipment zur obligatorischen Durchführung von Schulsport oder öffentlichen Wettkampfveranstaltungen (große Uhren und Anzeigen, Geräteräume, Tribünen, bei großen Hallen außerdem automatisch sinkende Trennwände). Für diesen Zweck sind die modernen Hallen großzügig konzipiert und bestens geeignet. Möglicherweise können sie auch für Massenlehrgänge im Kampfsport dienen, zu denen die großen Verbände ihre Karate-, Judo- oder Taekwondo-Mitglieder zuweilen einladen und oftmals ja auch hunderte erscheinen, um bei dem gerade angesagten Meister XY mitzutrainieren und auf aktuelle Technik-Moden (die ja immer wieder wechseln) orientiert zu werden.

Aber für die Durchführung von traditionellem Kampfkunstunterricht jedoch können sie nur schwerlich herhalten, da all das Moderne, Nüchtern-Kalte eben dem reibungslosen Massenbetrieb geschuldet ist, nicht aber der im Budo notwendigen Konzentration der Schüler auf das Wesentliche, der „inneren“ Wahrnehmung ihrer selbst und ganzheitlichen Bewusstseinsschulung. Eine Turnhalle animiert nicht gerade zur im Budo erforderlichen „Besinnung“ (auf sich, seinen Körper, seine Bewegung, seinen Geist), aber nicht nur das, sie erschwert es geradezu. Darum sind die Budo-Dojo in der Regel so ausgestattet, dass sie die Aufmerksamkeit der Schüler nicht ablenken, sondern die konzentrierte Arbeit mit und an sich selbst gezielt unterstützen.
Insofern sind die Dojo meist alle sehr spartanisch-schlicht gehalten, einfarbig weiß gestrichen, mit wenig Zierrat und mit echtem, oft edlem Holzfußboden (und/oder Tatami-Matten). Das rührt noch aus der japanischen Zen-Kultur der schnörkellosen, auf den Punkt gebrachten Schönheit im Einfachen und Wenigen, der Perfektion im Weglassen des Unnötigen. Die Schlichtheit und Einfachheit vor allem japanisch eingerichteter Dojo ist schon kunstvoll an sich, strahlt sie doch aus, worum es in diesem Raum als Ort systematischer Weg-Übungen als ganzheitliche Schulung und intensives Bemühen darum geht: Reine Bewegung, Begegnung und Besinnung. Und zwar „rein“ im Sinne der puren, ausnahmslosen und vertieften sowie „sauberen“, echten und exakten. Zu 100%.

Durch seine besondere Architektur (in der die Raumseiten jeweils einer Himmelsrichtung sowie jeweils den Besuchern, den Schülern, den Meisterschülern und schließlich die Ehrenseite dem Lehrer gewidmet ist und so offenkundig den Weg vom Laien zum Meister als einen Kreis (Dokan) beschreibt sowie durch sein besonderes asiatisches Ambiente strahlt dann spürbar die Atmosphäre eines Dojo aus, was zum Lernen und Lehren der Kampfkünste so wichtig ist: Ruhe, Stille, eine gewisse Erhabenheit, die Wertschätzung der kleinsten Kleinigkeiten, Orientierung auf das Wesentliche.
Alles hier ist allein diesem Sinn und Zweck und dem einzigen Ziel aller Aktivitäten an diesem Ort untergeordnet: Der Gewinnung von

„Selbst“-Erfahrung, „Selbst“-Bewusstsein und „Selbst“-Erkenntnis durch Budo-Praxis. Diesem „geistigen“ Anspruch – und der permanenten Erinnerung aller Aus-Übenden daran, worum es immer gehen soll – wird das „Heiligtum“ eines jeden Dojo symbolisch gerecht, das quasi überall als „Altar“ im „Tempel“, der ein Dojo für viele Budoka ist, dient: Der Kamiza, jap. „Sitz der Götter“, oder auch nur Shomen, was etwas undramatischer nur „Stirnseite“ des Raumes bedeutet, kennzeichnet die typische Ehren- oder Haupt- bzw. Frontseite jedes Dojo (von der aus auch die gegenüberliegende Schülergemeinschaft unterrichtet wird). Hier wird den höheren (eigentlichen) Zielen gehuldigt, auf die alles im Budo (und auch tatsächlich alle Schüler im Unterricht vis-à-vis zum Lehrer) ausgerichtet sind.
Diese höheren Ziele und Werte werden in der Regel durch aussagekräftige, damit wirksame klassische Symbole charakterisiert: durch ein Zen-Arrangement von Blumen, Räucherwerk und Kerze, oder Blume und Schwert, eine Kalligraphie (oft mit philosophischer Bedeutung) oder gar eine Buddha-Statue. Dies um zu verdeutlichen, dass es um mehr, um Spiritualität, um Werte, Ideen, Ideale geht, um „Inneres“ und nicht um profane Äußerlichkeiten wie Erfolg, um Sieg und Niederlage etwa. Eine (stets frische, schöne) Blume, die mit ihrer Blütenpracht fürs volle, junge Leben steht; ein Schwert für den Tod, dem stets ins Auge zu sehen ist, oder auch für die Frage der rechten Ent-Scheidung (ganz oder gar nicht), die zu treffen im Leben oft so schwierig wie notwendig ist; eine entzündete Kerze, die, ebenso wie das Räucherstäbchen, eine gewisse Feierlichkeit ausdrücken soll, die über den Alltag hinausgehende Erhabenheit des Raumes betont und aller und allem der darin Befindlichen, sprechen eine deutliche, für alle erkennbare Sprache, ohne dass darüber erst Vorträge gehalten werden müssten. Die Schüler verstehen die Symbolik und die budobezogenen Aussagen ohne Worte. Sie spüren die Kraft. Das ist ja gerade die Magie der Symbole. (Die nutzt man im Westen ja übrigens auch ganz gezielt, um Stimmungen zu erzeugen.)
Eine japanische oder chinesische Kalligraphie, die eine taoistische, konfuzianistische oder buddhistische Weisheit verkündet oder direkt in Bezug auf die Budokünste und auf edles Rittertum (wie Aufrichtig-

keit, Gerechtigkeit, Güte, Höflichkeit, Wahrhaftigkeit, Ehre und Treue aus dem Bushido) steht oder eine Kopie von „Heiligen“ oder „Großen Kriegern“ (wie Schwertmeister Musashi) selbst geschaffen Werke, vermag ebenfalls hinzuweisen auf etwas Höheres, um das es im Budo geht und um das alles Üben sich lohnt. Ein Hinweis auf „geheimes“, esoterisches Wissen um die wahren Hintergründe der Kampfkunst (Okuden), eine Botschaft gar, sich zu bemühen, sie zu entschlüsseln, zu verstehen, danach zu leben...
In vielen Karate-Dojo findet man häufig die 20 Grundsätze des rechten Übens und Betreibens des Karate-Do von Funakoshi Gishin, dem „Vater des japanischen Karate“ (1868-1957) auf einer Schriftrolle, die z.B. besagen, dass der Geist wichtiger ist, als die Technik. Die Schüler verneigen sich dann in speziellen Ritualen der Budo-Etikette, Reigi, gemäß allesamt vor dem japanischen Rollbild oder rezitieren Teile daraus als ihr Dojokun, dem Motto oder übergeordneten Leitbild des Dojo, um es durch Wiederholung (auch sich selbst gegenüber) immer wieder zu bekräftigen – und sich selbst natürlich daran zu halten. Manchmal aber wird der Dojo-„Altar“ auch nur mit einem Foto des Stilbegründers (was zu sehr „personenkultig“ und, weil nicht verallgemeinernd, sondern individualisierend, recht speziell anmutet), wie meist beim Aikido das Bildnis von Ueshiba Sensei, geschmückt, oder vielleicht auch nur mit der Fahne des Ursprungslandes der jeweiligen Kampfkunst (was als nationalbetont nicht gerade den offenen Frei-Geist inspirierend wirken dürfte), wie oft beim Taekwondo mit der Korea-Flagge – wobei manchmal dann bloße Idole mit echten Idealen verwechselt werden und der geistige Wesensgehalt, was Budo anbelangt, dieser obligatorischen Ehrenbezeugung leicht abhandenkommen kann.

Es gibt auch eher ungewöhnliche und vom jeweiligen Dojo-Leiter selbst inszenierte und (was selbstverständlich in seiner Macht steht und Sinn macht) ganz persönlich favorisierte Symbole, die aber auch auf (aus Sicht des Meisters) bedeutsam Hintergründiges im Budo hinweisen wollen, die Schüler orientieren sollen, und das ganz gut: eine Schale Wasser, die für die Klarheit und Reinheit des Geistes (seine Unbeweglichkeit auch im Stress, so dass sich darin das Wesentliche

des Augenblicks in ihm abbilden kann, wie der Mond auf der Oberfläche des unbewegten Wassers) stehen soll; ein Spiegel, der verdeutlicht, dass es immer und nur um Dich, einen selbst geht im Budo, ja der Meister schon in einem steckt und auf Deine Ent-Wicklung durch Arbeit wartet; ein Metronom, das Dir sagt, „JETZT, JETZT! Aufwachen!“ oder „Deine Zeit, Dein Leben verstreicht, wenn Du's nicht endlich bewusst lebst!“ Fest steht, dass ein Kamiza oder Shomen jener Ehrenplatz und Ort im Dojo ist, der dem übergeordnet Höheren geweiht ist. Und klar machen soll, dass alles Bemühen in vordergründiger Technik und Bewegung, ja jeder Budo-Übung, letztlich doch nur dem Einem dient: Deiner persönlichen Weiterentwicklung als Mensch, Deiner Reifung und Ganzwerdung, Vervollkommnung, „Erleuchtung“ (wenn man hier Mal so sagen darf) als spirituelles Wesen. Und zwar jenseits der körperlichen Ausbildung, des Schwitzens, Leidens, Schmerzes vielleicht, auch des Könnens, Wissens, Verstehens. Sondern durch Erfahrung allein! Auf genau diesem Weg des Übens und Tuns: BUDO. Insofern müssten nun alle, die gezwungen sind, in einer Turnhalle zu üben, weil sie nun mal kein eigenes Dojo haben, versuchen, wenigstens jenen zentralen Budo-Aspekt von Dojo zu realisieren, indem sie einen kleinen (mobilen) Shomen jeweils zu ihren Hallenzeiten mitnehmen oder immer wieder aufbauen und einrichten, um zu verdeutlichen, dass etwas Anderes auch noch eine Rolle spielt. Sie können dadurch ein Zeichen setzen, dass alles Üben eigentlich einem höheren Zweck dient und somit ausdrücken, dass ihre Turnhalle nunmehr ein Dojo sein soll. Jeder Shomen, auch ein solcher mobiler, so simpel und karg er auch sein mag, hat Kraft, wenn man ihm Bedeutung beimisst! Und die wirkt auf alle anderen mit. Manch einer hat schon behauptet, sein Dojo sei überall, auf der grünen Wiese, im Wald, am Strand – wo auch immer er sei und Budo übe. Daran imponiert die Überzeugung, dass Budo nicht von einem geschlossenen Traum abhängig ist, sondern vom Geist des Ausübenden. Das ist sicherlich soweit auch richtig.
Allerdings ist eine errichtete Kirche auch eine Kirche, selbst dann, wenn man auch außerhalb von ihr predigen und glauben kann, so wie ein Dojo ein Dojo ist, selbst wenn man außerhalb lehrt, lernt und prak-

tiziert, und es ändert an dem Wert des „Zuhause“ (das einem ein Dojo wird) nichts, wenn man unterwegs, auf Reisen ist. Im Gegenteil.
Ein bestimmter, fester, immerwährend gleicher Ort, der mir Sicherheit, Zuflucht, Orientierung gibt, an den ich mich zurückziehen kann und an dem ich mich wohl fühle, bringt jene Ruhe und auch jene Ordnung in den andersgearteten Alltag, die diesen Raum zu einem beinahe sakralen Raum werden lassen, weil er mir eine eigene Erlebniswelt bietet, die ebenso Rückzug (Entspannung) wie Arbeit (Anspannung) erleichtert. Ich bin beschützt vor den Unbillen der Natur, Sonne, Regen, Wind und Wetter, wilden Tieren (und seien es nur lästige Insekten), anderen Menschen und überhaupt allen störenden Einflüssen, die mein Üben erschweren. Im sauberen, temperierten, schützenden Dojo kann ich mich auf Gewohntes verlassen, mich hingeben meiner Konzentration und Übung.

Wenn ich mal mein Sofa nach draußen stelle, um dort fernzusehen, bleibt mir doch mein behagliches Wohnzimmer das Zentrum meines Daheim. Man kann alles überall, und doch gibt es Orte, an denen es schöner, leichter, besser funktioniert. Und ein Dojo, das ich immer aufsuchen kann, ist durch allerschönste Naturkulisse nun mal in seiner dauerhaft unterstützenden Wirkung auf meine Praxis nicht zu toppen. Es ist überdies nicht ein nur irgendein Raum, sondern DER Raum, immer der verlässlich absolut gleiche, in dem meine Erlebnisse zu Erfahrungen – und meine Erfahrungen zu Erkenntnissen – reiften.
Wie gesagt, man kann überall beten – und doch ist's in der Kirche DER Ort, an dem man dem Ganzen und Sinn und Zweck sich näher wähnt...
All dies ist Dojo – kein Trainingsraum also, denn nicht „Training“, das ja von der Definition her schon zuerst und eigentlich ganz ausschließlich die systematische Verbesserung spezieller (Teil-)Leistungen meint, steht im Vordergrund, sondern die persönliche Unterweisung in der Budo-Lehre als „Körper-Seele-Geist“-Weg, die Schulung des ganzen Menschen eben. Man spricht daher im Budo auch nicht von „Training“, zu dem man geht oder einen Trainer, den man hat, sondern vom Unterricht und Lehrer (wie übrigens beim Ballett auch), um auszudrücken, dass es nicht, wie im Sport, um nur äußerliche, technische und

funktionale Verbesserung von Irgendwas, sondern im Budo als eben Kampf-"Kunst", um eine umfassende Ausbildung des ganzen Menschen und, wie man auch immer wieder hört, um klassische „Charakterschulung" der Ausübenden geht, um das Verinnerlichen einer großen Lehre – des rechten Kämpfens und des rechten Lebens.

Dojo – Die Gemeinschaft

Hier treffen sich also nicht „Trainingskollegen", „Vereinsmitglieder" (obwohl natürlich auch im Verein, was ja nur eine Organisationsform darstellt, Budo betrieben werden kann) oder „Sportsfreunde", sondern Menschen, die miteinander, voneinander und aneinander doch in erster Linie sich selbst und das Leben ergründen, sich selbst suchen und finden wollen.

Dojo meint somit zweierlei: den besonderen Ort des Weg-Übens einerseits, und jene, die darin sich intensiv um Weg-Schulung bemühen, andererseits. Dojo ist also immer auch der Name für eine Gemeinschaft Gleichgesinnter, die dasselbe wollen und tun, mit Herz dabei sind. Nicht für eine Gruppe Schüler eines bestimmten Ryu, denn eine Gruppe ist noch keine Gemeinschaft, und eine Gemeinschaft Gleichgesinnter schon gar nicht.
Eine Gemeinschaft geht im inneren Zusammenhalt über äußere, formale Kriterien einer bloßen Zugehörigkeit hinaus. Sie ist geprägt vom gemeinsamen Geist, was auch mehr ist, als das gleiche Interesse. In einem echten Dojo sind sich die Mitglieder Freunde und Partner, und wenn das Dojo, wie es sein sollte, nicht allzu groß und hinsichtlich aller Personen und individuellen Persönlichkeiten von allen überschaubar ist, geht es in gewissem Sinne auch familiär zu.
Bei den chinesischen Systemen spricht man in deren Dojo (chines. „Kwoon") untereinander auch von „Großer Bruder" oder „Kleine Schwester" (wenn dieser länger bzw. jene kürzer als man selbst praktiziert), Lehrer werden als „Väterlicher Meister", dessen gleichrangige Kollegen als „Onkel" tituliert. Hier kommt eine besondere Nähe der in

einer Budo-Gemeinschaft miteinander Praktizierenden zum Ausdruck, die dort obligatorisch, aber in keinem Sportverein gang-und-gäbe ist. In einem Dojo kennt jeder jeden mehr oder weniger gut, aber persönlich, und zwar durch gemeinsames Üben, aber auch gemeinsame Freizeiten, die zuweilen mit allen Schülern (oder auch mit deren Verwandten) durchgeführt werden. Gemeinsame Events, wie regelmäßig klassische Sojis (Reinigungs- und Renovierungsarbeiten an Haus und Hof), die zur Etikette gehören und an denen daher jeder nach Kräften – freiwillig – mitmacht, kleine und größere Feste (z.B. nach Gürtelprüfungen oder zu bestimmten Jahreszeiten) oder auch gemeinsame Ausflüge (z.B. Rad- oder Kanutouren, Wanderungen) oder gar Urlaub (mit Praxis natürlich) garantieren Kennenlernen, Austausch der Budo-Erfahrungen und des Wissens, Dojo-bezogenes Zusammenwachsen, menschlichen Zusammenhalt.

Die Mitglieder einer Schule sind es, die den „Laden" ausmachen, die Säulen des Ganzen, immerhin ja auch jene, um die es schließlich geht. Auf ihren Schultern lastet auf Gedeih und Verderb die Existenz eines Dojo, der (gute wie schlechte) Ruf, ja, in gewissem Sinne das Renommee des Budo überhaupt, deren Vertreter sie immer sind.
Wenn die Schüler eines Dojo sich nicht als wirkliche Gemeinschaft Gleichgesinnter (als Übungs-, Arbeits-, Lebens-, Interessen- und, vorübergehend, Wohngemeinschaft) begreifen oder erleben, wird es nicht im Geiste des Budo leben und auf Dauer zugrunde gehen, jedenfalls als traditionelles Budo-Dojo. Vielleicht überlebt die Schule (von Außen in seinem etwaigen „Abstieg" aus der Königsklasse in die unterste Liga unbemerkt) als erfolgreicher Kampfsportverein oder wirtschaftlich funktionierender Club – aber wahres Budo ohne diesen Dojo-Gemeinschaftsgeist, in dem alle der gemeinsamen Sache willen und durch Dick und Dünn zusammenhalten, ist nicht möglich.
Nur Schüler, die wirklich bereit sind, viel zu geben (weil sie ja auch viel bekommen), viel von sich, an Persönlichkeit, Energie, Mitarbeit, auch Freizeit und manchmal auch Geld (z.B. um ein schuleigenes Gebäude, das „eigene" Dojo eben, instandzuhalten, einen Garten anzulegen o.ä.)

sind Schüler im Budo-Sinne. Engagement und Idealismus sind treibende Motivation, Herzschlag des Ganzen.

REIGI – Die Etikette

Die Rituale und Zeremonien, Gesten und der Ehren- und Verhaltenskodex im Budo, ausgedrückt in der dem traditionellen Budo ganz eigentümlichen Etikette (Reigi), sind wesentliche Bestandteile des Weges, der Übung und der Meisterschaft.
Die Bedeutung dieser Etikette und ihrer besonderen Rituale ist zentral, denn sie geht weit über das hinaus, was man im Westen einfach unter „Regeln“ oder „Disziplin“ versteht. Die Ritualpraxis der Budo-Etikette ist mehr als ein bloßes Regelwerk, eine nur formale Abläufe organisierende „Ordnung“: In der Etikette drückt sich die rechte “Innere und Äußere Haltung“ des Budo und auch desjenigen, der Budo praktiziert, des Budo-ka, aus und offenbart das rechte Verständnis des Weges (Do) und das Bemühen um Fortschritt.
Das heißt, nicht dass, sondern wie ich die Etikette „bediene“ (besser: mich ihrer bediene) und ausübe, um meiner Haltung gegenüber dem Do, Stil (Ryu), der Schule (Dojo), dem Lehrer (Sensei) oder Mitschüler Ausdruck zu verleihen, ist dabei entscheidend. Im Budo heißt es, dass man an der Art, wie man sich verneigt, den „wahren“ Kampfkunst-Meister erkennt, oder wie die Schüler ihre Kleidung sortieren (z.B. ihre Schuhe am Eingang ausrichten) davon zeugt, wie weit sie bereits im Budo schon fortgeschritten sind.

Der Etikette muss man die Bedeutung beimessen, die zentrale Säule des „geistigen“ Budo insgesamt zu sein. Als Relikt des Verhaltens- und Ehrenkodex der Samurai (Bushido) und auf der geistig-kulturellen Grundlage asiatischer Philosophie (besonders des Konfuzianismus) hat das Wesen der Etikette nicht nur historische Wurzeln, sondern zum rechten Verständnis des Ganzen essentielle Tragweite. Kampf-“Kunst“ ohne Etikette ist keine. Sie ist dann zum bloßen Kampfsport verkommen, da sie dadurch wichtiger „geistiger“ (innerer) Schulungswege beraubt und auf moderne (äußere) Maßstäbe reduziert ist.

Während im Sport die Etikette nebensächlich, ja – weil unfunktional – zur Erlangung des Erfolges sogar hinderlich ist und z.B. aus der ursprünglichen Meditation vor und nach dem Unterricht (Mokuso) im Fersensitz (Seiza) nur noch eine oberflächliche, allenfalls exotische Begrüßungszeremonie vor und nach dem „Training“ übrig geblieben ist, ist echtes Budo ohne diese geistige Übung, sich für das Neue zu leeren, zu sammeln, undenkbar. Die spezielle Budo-Etikette ist zunächst vergleichbar mit einer eigentümlichen, fremden Sprache, dessen „Vokabular“ man zusätzlich zu den körperlichen Abläufen erlernen muss und dessen Sinn einem am Anfang erst einmal verborgen bleibt. Eine Verneigung bei Betreten des Dojo ist anfangs einfach nur eine übliche Regel, ein Muss – später verbindet man vielleicht mit diesem vermeintlich äußeren Ritual auch ein inneres Gefühl, geprägt durch die vielen Erfahrungen, die man gerade in diesem Kampfkunstsystem und in diesem Dojo hat machen können.
Aus der bloßen rituellen Verneigung vor dem Partner mag schließlich eine Geste echter Wertschätzung werden, emotional gefüllt mit wirklicher Hoch-Achtung und Zu-Neigung.
Aus dem obligatorischen verbalen Feedback „Oss“, das man im Karate-Do bei verschiedenen Gelegenheiten wie vor und nach jeder Partnerübung laut ausspricht, wird aus einer zunächst vordergründigen Floskel irgendwann ein Ausdruck tiefer persönlicher Empfindung, also Ausdruck eines ganz speziellen, echten momentanen Gefühls, z.B. der Einsicht oder der vollen Zustimmung werden.
Die ritualisierte Etikette vermittelt einem eine neue, für Verständige in hohem Masse präzise Sprache der Vermittlung von Einstellungen, d.h. eben besagter „innerer Haltungen“. Etikette muss als eigenständige Form, wie eine Kata verstanden werden: Eine scheinbar in erster Linie oder für den Anfänger nur äußere Form, ein Bewegungs- oder Verhaltens-Gerüst, dessen Sinn, Bedeutung und wahre Ästhetik oder Meisterschaft sich erst durch persönliche „Belebung“ und „Füllung“ mit „inneren Inhalten“ im Laufe der Zeit offenbart. Jede Kata, auch die rein

Technik- und Körper-orientierte, ist darauf angewiesen, meisterlich „beseelt" zu werden – ansonsten bleibt sie starr und ausdrucks- wie leblos.
Am ehesten sollte die Ritualpraxis der Etikette so verstanden werden, dass sie eine Methode, ein Medium des Ausdrucks dessen ist, was man im Budo erreicht hat oder zu erreichen sich noch bemüht, vom Budo weiß, glaubt oder hält. Die Etikette verkörpert nämlich die Ideologie des Weges insgesamt. Damit weist sie über die Möglichkeit eigenen Wachstums – so zentral das Anliegen im Budo auch ist – durch (freiwillige) Anpassung und „Unterwerfung" unter ein übergeordnetes Ideal hinaus. Mein Verhalten bezeugt nicht nur meinen persönlichen Wegfortschritt (Auffassung, Ernst usw.) sondern steht immer anderen auch Modell für das Ganze.
Immanuel Kant, ein westlicher Philosoph, hat mit der Theorie und der ihr innewohnenden Ethik und Moral des sogenannten „Kategorischen Imperativs" was ganz Ähnliches gemeint, indem er postulierte, dass jeder sich stets so verhalten solle, dass sein eigenes Verhalten Modell für ein grundsätzlich für Alle positives Gesetz stehen könnte, also das eigene Tun in den Dienst einer größeren Idee, eines Ideals gestellt. Die Budo-Etikette dient auch diesem höheren Ideal, in dem man Beispiel für das Gesamte ist. Jedes eigene Fehlverhalten (auch außerhalb des Budo) schadet dem Ansehen des Budo, jedes positive Verhalten dient dem Ganzen. Budo als Weg persönlichen Wachstums muss daran gemessen werden, inwieweit die Schüler bzw. Praktizierenden selbst den Anforderungen des Bemühens um Selbst-Beherrschung genügen.
Die Etikette ist daher nicht nur dazu da, bestimmte Abläufe im Training oder im Dojo vereinfachend zu regeln, sondern alle Praktizierenden in die Pflicht, in die Verantwortung zu nehmen, sich sowohl um eigene Selbstbeherrschung mit dem Ziel zunehmender innerer Reife zu bemühen, als auch Beispiel sein zu müssen für die Inhalte, Ziele und den Geist des Budo, des jeweiligen Systems und der Schule, aus der man kommt.

Neben der rein formalen Organisation bestimmter Abläufe (z.B. zur Sauberkeit, Höflichkeit, Disziplin usw.), die auch zur störungsfreien und gefahrlosen Durchführung des Unterrichts der Kampfkünste hilfreich oder nötig sind, sind also vor allem zwei wesentliche Ziele mit der Etikette verbunden:

1. Persönliches Wachstum durch Überwindung des Egoismus (eigener Wichtigkeit) und freiwillige „Unterwerfung“ des eigenen Selbst (Ego) unter ein höheres Ideal (Übung der Wertschätzung, Demut)
2. Pflege des guten Rufes eines Kampfkunstsystems oder einer -schule durch vorbildliches Verhalten der Schüler im Sinne des jeweiligen Ehrenkodex.

Also gilt die Etikette für Budo-ka nicht nur innerhalb des Dojo – sondern in gewissem Sinne auch „im normalen Leben“. Von einem Budo-ka erwartet man auch vor und nach dem Unterricht sowie außerhalb ein den Budo-Idealen angemessenes Verhalten. Kein Verhalten ist egal. Alles Tun ist bewusst. Das ist etwas, das im Buddhismus höchsten Rang besitzt. Jede Handlung dokumentiert meine Fähigkeit, mich entsprechend selbst gesteckter Ziele zu benehmen (Selbst-Disziplin), repräsentiert mein Wissen und Können des Weges, auf dem ich bin, für den ich stehe. Ich zolle mit meinem Verhalten, das extra so ist, wie es ist, Respekt, d.h. Anerkennung und Achtung – mir (nämlich meinem Weg und Bemühen) und anderen gegenüber. Durch Etikette, die nicht zwanghaft und damit leer (Sinn-los) ist, kann ich echte Wertschätzung ausdrücken, sofern ich will.

Rituale, Zeremonien und kulturelle Gepflogenheiten haben stets einen inneren Sinn, z.B. bestimmte Ideen zu dokumentieren oder Gemeinschaft und Dazugehörigkeit auszudrücken. Budo-ka eines Systems verbindet daher die Praxis spezieller, eigener Gesten und Haltungen. Die Etikette ist ihre symbolische Sprache, die Zeichen haben einen bestimmten Sinngehalt, typische oder gar „geheime“ Bedeutungen. Keine Vereinigung ist ohne derartige Symbole, auch im Westen nicht (wenn wir uns Zünfte, Bünde, Logen, Sekten, Gangs, Feuerwehr und Pfadfinder angucken).

Die Einhaltung der Etikette im Budo ist eine wesentliche Kampfkunst-Übung selbst. Sie dient stets der Auseinandersetzung mit sich selbst, in dem man sich erstens um Einhaltung und zweitens um das Verständnis des Sinns bemüht. Zuerst noch rein äußere Form, unverstandene Floskel, gebotene Regel. Erst mit zunehmender Praxis und der eigenen Erfahrung, dass mit diesen symbolischen Gesten echte innere Gefühle, Einstellungen und Haltungen verbunden sind, gewinnt die Ritualpraxis der Etikette an Bedeutung. Sie wird zu einer eigenen, typischen und unverwechselbaren Ausdrucksmöglichkeit des ansonsten Schwer- oder gar Nichtsagbaren.

Eine körperliche, anfangs oft vergessene, meist unachtsam durchgeführte, hingepfuschte Verneigungs-Geste zum Partner wird dann zur echten zwischenmenschlichen Begegnung, emotional gefüllten Wohlwollens-Bekundung, ja, zur (natürlich a-sexuellen) „Liebes-Erklärung". Kurz: Wir müssen im Budo zunächst die Etikette lernen, um uns später ihrer immer mehr in eigener Verantwortung und mit eigenem Geist bedienen zu können, um bestimmte Gefühle und innere Haltungen auszudrücken. Was anfangs fremd und zwanghaft war, wird eines Tages intim und frei. Man wird dankbar sein, diese Sprache „sprechen" zu können – und zu verstehen...

Grundsätzlich gehört zur Etikette der Kampf-Künste, diese in bestimmter Kleidung, an bestimmten Orten und nach speziellen Ritualen zu betreiben. Alt überlieferte Regeln besagen, dass ein Schüler einer Kampfkunst niemals schlecht über seinen Stil, seinen Lehrer, sein Dojo und seine Mitschüler (die als Familienmitglieder, als Brüder und Schwestern angesehen wurden) sprechen darf.

Wer bei einem neuen Lehrer schlecht nach Wechsel des Systems über seinen ehemaligen Stil, Lehrer usw. redete, hatte sich in den Augen aller, auch ansonsten konkurrierender Stile oder Lehrer derart disqualifiziert, dass niemand ihn mehr als Schüler annehmen würde. Das ist auch heute noch so.

Zu den grundsätzlich in den Kampfkünsten geltenden Regeln zählte und zählt neben der Loyalität dem praktizierten System (Lehrer, Dojo

usw.) gegenüber, die Kampfkunst niemals ohne echte Not anwenden zu dürfen, also auch nicht Fremden zu zeigen, damit anzugeben oder gar ohne Erlaubnis selber zu unterrichten, geschweige denn, sie eigenmächtig zu verändern. Allgemein gültige Tugenden und per Etikette von Schülern verlangt wurden und werden, waren und sind vor allem Respekt und Höflichkeit, Bescheidenheit und Demut sowie „Ritterlichkeit" und Gewaltverzicht.
Der übergeordnete Inhalt der Etikette im Budo-Karate, wie dem Shoto-Kempo-Ryu, des „Weges der Friedvollen Krieger" (Aidokan-Bushi), ist dementsprechend auch unmissverständlich der konsequente Gewaltverzicht, d.h.: keine Gewalt gegen Menschen, Tiere, Pflanzen und Natur, sondern Wertschätzung allen Lebens und der Ordnung der Dinge. Diesem Ideal der Wertschätzung des aufgrund von Stärke zum Sanft-Mut fähigen und zum Gewaltverzicht entschlossenen „Friedvollen Kriegers" sind alle weiteren Regeln untergeordnet.
Der Sinn der Etikette ist immer die „Innere Übung", genauer Selbst-Disziplin-Übung, um diese Haltung zu entwickeln und über Sammlung, stille Konzentration und Bewusstheit jene „Offenheit" gegenüber dem Weg und Zulernenden auszubilden, die zum Verständnis des Wesens des Budo notwendig ist. Im Zentrum der Etikette steht daher immer an erster Stelle Respekt. Respekt meint nicht Autoritäts-Angst oder blinde Unterwerfung, nicht das gezwungene Befolgen von Regeln, sondern eine innere und äußerliche, d.h. äußerlich ausgestrahlte Haltung der Würde und Würdigung: Würde bedeutet die Empfindung und den Ausdruck einer gewissen Feierlichkeit, „E(h)rhabenheit", Ernst, Anstand, Selbstachtung und Stolz, und Würdigung, die Empfindung und den Ausdruck von Anerkennung, Achtung und das Ehren von etwas existierendem Bedeutsamen, einer Idee oder eines Ideals. In diesem Sinne ist Respekt zu verstehen.

Diese Art des Respektes, der in der Etikette gelebt werden soll, liegt allem Tun (Üben) zugrunde. Es geht um den Respekt sich selbst, dem anderen und dem Weg gegenüber. Alle einzelnen zeremoniellen Regeln und Verhaltensweisen, die in einer jeweiligen Budo-Etikette eines Dojo gelten bzw. praktiziert werden, sind diesem Prinzip des Respektes

im Sinne besagter Würde und Würdigung abgeleitet. Beachtet man die Leitidee, sich selbst, dem anderen und dem Weg gegenüber aufrichtig Respekt zu zollen, und macht dies zum Maßstab seines tatsächlichen Verhaltens, wären konkrete Regelungen überflüssig!
Wenn man begreift, dass eben ein Dojo nicht etwa nur ein Sport- oder ein Übungsraum ist, sondern im traditionellen Sinne der „Ort der Erleuchtung", ein „heiliger" Ort, „Tempel" des Weges, das Zentrum der Weg-Gemeinschaft, und dieses respektiert, achtet und würdigt, ist die Etikette im Wesen schon erfüllt. Alle einzelnen Regeln, wie genau man sich wann im Dojo nun verhält, dienen allein der Übung, diesen Respekt zuerst auszudrücken, ihn immer mehr zu entwickeln, um ihn dann auch wirklich zu empfinden.

Im Budo ist viel von „Demut" die Rede, und es geht dabei nicht etwa um Oben und Unten, um Autorität und Hierarchie, Macht und Unterwürfigkeit, sondern die innere Haltung jener Würde und Würdigung, die Grundlage allen Wachstums und aller Persönlichkeitsentwicklung in den Höheren Kampfkünsten ist. Demut meint eine gewisse Bescheidenheit, meint Ergebenheit und Hingabe. Durch die Übung der Demut soll Selbstlosigkeit entwickelt und „Edelmut" kultiviert werden, die die Ritterlichkeit des „Friedvollen Kriegers" definiert.
Ohne die Bescheidenheit, den ständigen Anfängergeist des Budo-ka, ist kein Fortschritt mehr möglich. Der Weg ist das Ziel! Es gibt kein Ende des Weges, keine Meisterschaft, keinen Stillstand, kein Ausruhen, kein Zurück. Bemühe ich mich also um eine innere und äußere Haltung des Respektes (Würde, Würdigung und Demut) – noch Mal – mir selbst, dem anderen und dem Weg gegenüber, praktiziere ich bereits Budo als wahre Kampfkunst.
Die Disziplin, also die Selbst-Beherrschung, die dies von einem oft erfordert, weil man häufig unaufmerksam, oberflächlich oder launisch ist, entwickelt sich aus dem „Kampf mit mir selbst", der im Budo immer wieder als zentrales Anliegen thematisiert wird.
Habe ich Respekt vor mir selber, dann mag und achte und pflege ich mich. Dann erscheine ich (schon mir zuliebe) gepflegt und sauber zum Budo-Unterricht und ordne meine Kleider, ohne ermahnt werden zu

müssen, laut Etikette mit gewaschenen Füßen, geschnittenen Fußnägeln, sauberer Uniform (Budo-Gi) usw. kommen zu müssen. Habe ich Respekt vor dem anderen, bezeuge ich gern meine Wertschätzung und verneige mich von selbst vor ihm, ohne durch die Etikette ständig dazu aufgefordert zu werden.
Zeuge ich Respekt dem Weg gegenüber – also neben dem Budo allgemein auch dem konkreten Stil, Ryu, dem eigenen Dojo als Ort des Weges, dem Lehrer, persönlichen Sensei als repräsentativen „Weg-Weiser“ und den auf dem Weg schon Fortgeschrittenen (Sempai) und Mitschülern (Kohei) gegenüber, anerkenne ich, in Demut, das System und die mir überlegene Leistung und Erfahrung ganz selbstverständlich und brauche nicht per Etiketteregeln dazu gezwungen zu werden, höflicherweise einem höheren Grad z.B. irgendwo den „Vortritt“ zu lassen.
Achtung und Bewusstheit sind Grundlage, Methode und Ziel der Etikette im Budo, des Zen im Budo: Zanshin, höchste Geistesgegenwart, Aufmerksamkeit, Präsenz, Konzentration und Wachheit sind zentrale Inhalte der Kampfkunst. Sie durch Übung zu fordern und zu fördern, weiterzuentwickeln und in der Praxis soweit zu vertiefen, dass sie mir immer zur Verfügung stehen, ist Budo. Typisch im Budo ist dabei: Schulungsweg (Übung) und Ziel (Ideal) sind eins. Übe ich mich in einer Haltung, entwickele ich sie auch. In diesem Sinne ist die Ritualpraxis der Etikette ein Vehikel der Selbst-Erziehung und nicht etwa sinnloser, dogmatisch-autoritärer Zwang disziplinierender Rangordnungsfragen, kein Gefängnis der Persönlichkeit, sondern geradezu eine systematische Aufforderung zur Selbstentwicklung.
Die zunächst rein rituelle, vielleicht nur äußere Zurücknahme des Ego und Ausrichtung nach Idealen wird im Laufe der Zeit zur geistigen, inneren (ja erzieherisch-therapeutischen) Übung wahrer Größe. Ich ver-"beuge“ mich nicht, verbiege mich, mach mich klein und krumm, sondern ver-“neige“ mich in aller Aufgerichtetheit und Größe, ich unterwerfe mich nicht als Kleingeist, sondern neige mich zu, bin dem zugeneigt – und öffne mein Herz in stolzem Großmut. Nicht bediente Etikette ist – wenn nicht Zeichen von Unwissenheit oder sträflicher Oberflächlichkeit und damit das Gegenteil von Budo – vielmehr der

Ausdruck von Arroganz, anmaßender Überheblichkeit und kleingeistigem Geltungsbedürfnis sowie Geringschätzung des Gegenübers, des Weges; und letztlich seiner selbst. Selbst-Erhöhung, die auf Nichtwürdigung oder gar auf Erniedrigung anderer angewiesen ist, erhöht nicht, sondern zeigt, wie weit unten man wirklich ist, wie klein, ja sie erniedrigt einen geradezu selbst. Respektloses Verhalten ist egozentrisch, selbstsüchtig. Budo ist aber gerade der Dienst am anderen, ist Selbsterziehung auch zum Wohle der Gemeinschaft, des Friedens der Welt. Budo zerstört die kleingeistige Ich-Verhaftetheit und setzt mich in Beziehung zur Welt. Die Fähigkeit der Empfindung und zum Ausdruck von Respekt ist also ein wesentlicher Aspekt des Weges – die Etikette eine zentrale Übung!

SHITEI – Die Lehrer-Schüler-Beziehung

Budo wird gelehrt und gelernt von Personen und Persönlichkeiten und nur, wenn die Beziehung von Lehrer und Schüler stimmt, kann das Wesentliche vermittelt werden. Womit gemeint ist, dass eine Beziehung mehr ist, als ein rein formales, funktionales Verhältnis, wie zwischen Trainer und Athlet. Es ist eine persönliche Beziehung notwendig, um Budo traditionell „von Herz zu Herz“ (Ishin-Denshin) zu unterrichten, seine Schüler in das eigentliche, jenseits der äußerlichen Formen (Omote) verborgene Wesen der Kampfkunst und ihre „Geheimnisse“, die „geistige Lehre“ (Okuden) einzuweihen.
Abgesehen von gegenseitiger Achtung und wertschätzendem Respekt ist unbedingtes Vertrauen notwendig, sich einzulassen auf die Grenzerfahrungen, die der „innere“ Weg des Budo für jeden bereithält. Und eine beidseits große Verantwortung, die Wirkung der initiierten „Weg“-Erfahrungen auf die gesamte Persönlichkeit, ja den „Geist“ und die Psyche, zu erkennen und zum Nutzen, also zur Reifung und persönlichen Weiterentwicklung des Menschen, sprich: zum wahren Fortschritt auf dem Weg zu steuern. Bei derart hohen Anforderungen an die Lehre des Budo und die Lehrer und Schüler selbst ist zunächst zu

klären, wer denn überhaupt Budo-„Lehrer“ und wer Budo-„Schüler“ ist. Denn so einfach ist das Ganze keineswegs. Nicht, wer als vorgesetzte Autorität nur vorne steht und die Kommandos gibt, ist etwa schon deswegen ein Lehrer im Budo-Sinne, und nicht, wer Mitglied einer Schule ist, seinen Beitrag zahlt und nur nachmacht, was vom jeweiligen Programmleiter gesagt wird, ist dadurch ein „wahrer“ Schüler.

Nicht der Schwarzgurt allein, der in seiner Bedeutung immer überschätzt wird, steht etwa schon für Meisterschaft in der Kampfkunst (den kann man ja sonstwie, z.B. im Sport durch rein äußerliche Leistung und Wettkampf-Erfolg oder auch „ehrenhalber“ durch bloße Funktionärstätigkeit in der Verbandspolitik, oder einfach rein käuflich, auf Irr- und Abwegen sogar mit hübscher „Diplom“-Urkunde im Internet, erwerben); der ist nur ein äußerliches Abzeichen ohne Wert an sich. Wichtig ist stets die Qualifikation und Kompetenz desjenigen, der ihn trägt. Ein „Meister“ im Budo ist etwas anderes als der Sieger einer Meisterschaft – auch wenn dazu noch so meisterliches technisches Können notwendig gewesen sein mag. Das Meistern der äußeren Form (Omote) entspricht immer nur der ersten Stufe (Shu) des Budo-Weges und sagt noch lange nichts über erforderliche Erfahrungen und Einsichten auf dem Weg der „inneren“ Lehre (Okuden), die ja erst in den beiden weiteren Stufen (Ha und Ri) gewonnen werden können. Auch hohe „anerkannte“ Dan-Ränge mögen vorbildlich dem glänzenden Äußeren entsprechen, ohne jemals in das Wesen des Budo eingeweiht worden zu sein und vertieftes Verständnis erworben zu haben.

Ein Budo-Meister, ein ehrwürdiger Sensei, ist eine fachliche und menschliche Autorität, die den beschwerlichen Weg über viele Jahre hinweg selber bei einem persönlichen Lehrer gemeistert und die geistigen Aspekte der Kampfkunst als Lebenskunst verinnerlicht hat.

Nur dann kann er auftragsgemäß „vorbildlich“, verantwortungsvoll und gekonnt lehren, wovon er selber weiß, weil ein Sensei schon von der japanischen Definition des Begriffs her jemand ist, der den Weg bereits vorangegangen ist, ihn also auch mit allen diesbezüglichen Weg-Erfahrungen am eigenen Leibe erlebt, dabei nicht nur alles wichtige Können und Wissen erworben, sondern auch alle Höhen und Tiefen durchlebt, typische Irrungen und Wirrungen erfolgreich gemeistert und, vor allem, Wesentliches verstanden hat – und nicht zuletzt sein Meister ihm, nach wie auch immer gearteter Überprüfung, seinen Fortschritt schließlich bestätigt hat. (Dennoch darf ein Budo-Meister (und -Lehrer) niemals aufhören, sich selber als Schüler zu begreifen, denn der Weg ist niemals zuende und es gibt auch nichts, das als „perfekt“ wirklich zu erreichen wäre.)

Ein „wahrer“ Meister des Budo muss aber deswegen nicht automatisch auch ein guter Lehrer der Kampfkunst sein, denn auch noch so viel Können, Wissen und Verständnis erworben zu haben, gar eine „reife“ und „weise“ Persönlichkeit geworden zu sein und aber auch die Lehre weiterzugeben, wirksam zu unterrichten und andere darin zu befähigen, nun auch diesen (den selben) Weg zu meistern, sind zweierlei. Ein Budo-Lehrer muss darüber hinaus eben auch noch über die besondere (eigens erst noch zu erlernende) Fähigkeit des Lehrens verfügen, um zum Einen die Inhalte verständlich, logisch und sinnvoll zu präsentieren, und zum Anderen die Schüler ebenso auf die richtige Weise zu fördern wie zu fordern, und nicht zuletzt zu motivieren, sich immer wieder vertrauensvoll den budo-typischen Grenzerfahrungen – körperlicher wie „geistiger“, d.h. Psycho-emotionaler Art – zu stellen. Nicht nur das, es gilt auch, die beabsichtigte Wirkung der Übungen und die entsprechenden Erfahrungen auf die Schüler abzuschätzen, sollen sie doch, natürlich positiv, die Persönlichkeit des Ausübenden tangieren, ihren spirituellen Geist erweitern, ihren Charakter bilden. Das ist ein nicht ungefährliches Unterfangen, vor allem dann, wenn selbsternannte Meister als wahrhaftige Laien und Dilettanten ihr Pseudo-Budo unters Volk bringen und ihre gutgläubigen, unwissenden Schüler mit irgendwelchen Übungen und unkalkulierbaren Grenzerfahrungen konfrontieren (die sie als angebliche Lehrer ohne eigene Weg-Erfahrung ja selbst nicht kennen, geschweige denn die Folgen beherrschen können).

Aber auch ohne die Scharlatanerie profilneurotischer „Meister“ und „Lehrer“ in der wildwüchsigen Szene ist die rechte Budo-Unterweisung ein schwieriges Thema, selbst für seriöse Sensei: es braucht ein Dojo in räumlicher wie menschlicher Hinsicht, nämlich bestehend aus jener bereits erwähnten Gemeinschaft Gleichgesinnter, einer überschauba-

ren Schar echt lernwilliger, mitarbeitsbereiter, begeisterungsfähiger und durchaus kritischer Schüler.
Wann aber ist man wirklich ein „Schüler" der Kampfkunst? Jener, den auch (s)ein Lehrer als eben solchen bezeichnen würde? Auch um als „anerkannter" Schüler im Budo zu gelten muss man strenge Voraussetzungen erfüllen, die jenseits der formalen Schul-Zugehörigkeit, Bezahlung irgendeines Mitgliedsbeitrages und freiwilligen Selbstverpflichtung zur Mitarbeit im Dojo (Soji). Selbst bereits von seinem Sensei mit einem Gürtel aus der Anfänger-Stufe graduiert worden zu sein, ist kein Beweis etwa für die Annahme als „Schüler". Schüler zu sein heißt also mehr, als der formale Gürtelrang auszusagen vermag – jedenfalls bei den Kyu-Graden der Unterstufe. Wer Schüler ist, ist als solcher vom Lehrer erkannt und angenommen, wenn er ihm gezeigt hat, dass er wirklich lernen will, was der Lehrer vorgibt und nicht, was er (aus seinem Laien-Verstand und entsprechenden Erwartungen heraus) zu lernen wünscht und für richtig hält. Der Lehrer wird eine gewisse Zeit der Prüfung des Willens und der Motivation des Kandidaten, der Schüler werden will (oder vielleicht ja glaubt, schon einer zu sein), verstreichen lassen, denn die falsche oder auch unrealistische Motivation (z.B. sich besser schlagen/wehren zu können oder schnell bewunderter Schwarzgurt zu werden) führt geradewegs zur Ablehnung; ebenso erkennbar werdende mangelnde Bereitschaft, sich voll und bis an die Grenzen (zunächst rein körperlicher) Leistungsfähigkeit einzulassen.
Bevor man als Schüler angenommen wird (das mag zuweilen mit bestimmten Ritualen im Dojo öffentlich bekundet und bestätigt werden), hat der Kandidat unter Beweis zu stellen, dass er zu Folgen bereit ist. Er befolgt, so gut er (zunehmend) kann, die Etikette, hört bei Allem aufmerksam zu, nimmt wahr und auf, was der Sensei und Mitschüler sagen, achtet auf jede Kleinigkeit (weil es nichts Unwichtiges gibt), zeigt stetes Bemühen – und mit Alledem schon viel von seinem Charakter. Daraus kann der Lehrer ersehen, ob „der Neue" es wert ist, so viel, wie im Budo nämlich nötig ist, in ihn zu investieren, an intensiver, individueller Arbeit, aber eben auch persönlichem Engagement und „Herzblut". Immerhin wird ja Budo nach dem Ishin-Denshin-Prinzip,

also ganz persönlich „von Herz zu Herz“ gelehrt, womit die zwischenmenschliche Beziehung zwischen Lehrer und Schüler als entscheidende Grundlage der Vermittlung also auch die zentrale Bedeutung der Weg-Bereitung und Weg-Begleitung zukommt.
Insofern wird der Lehrer immer auch seine Schüler aussuchen – und wenn hier Sympathie eine Rolle spielt, den einen anzunehmen und den anderen nicht, so ist das durchaus gerechtfertigt und der Sache willen vollkommen angemessen. Immerhin sollen beide Seiten (im Idealfall lebenslang) miteinander zu tun haben, und zwar nicht nur im Dojo, sondern ja auch im wirklichen Leben. Dies wird ein Pakt für gemeinsame, typischerweise nicht immer einfache und etwa nur harmonische Zukunft und Partnerschaft.
Ein Sensei, der sich seiner Schüler und nicht nur deren Ausbildung in der jeweiligen Kampfkunst, sondern ja darüber hinaus der Weiterentwicklung ihrer Persönlichkeit annimmt, lädt mit diesem anspruchsvollen Auftrag immer auch eine enorme Verantwortung für das Wohl seines (ihm sich freiwillig wie nun aber auch voll und ganz) Anvertrauten auf sich.
Der Budo-Sensei, von der Tradition her schon immer auch „Väterlicher Freund“ seiner Schüler, verpflichtet sich, ihnen nicht nur auf dem Kampfkunst-Weg, sondern auch ihrem individuellen Lebensweg hilfreicher Lehrer, persönlicher Berater und Partner, eben dieser väterliche Freund zu sein. Das muss auch der Schüler wissen und wollen, denn eine Zusammenarbeit rein bezogen auf eine Kampfkunst-Praxis nur im Dojo, ohne persönliche Bindung, „private“ Beziehung und Bedeutung für den Alltag ist nicht dem Budo gemäß, wo es nicht um das rechte Kämpfen (und Töten), sondern das rechte Leben geht.
Kann oder will ein Schüler seinem Lehrer nicht vertrauen, dass das, was er tut, richtig und am Ende für ihn wichtig, förderlich ist (und der Lehrer es nicht schafft, ihn durch Taten, nicht mit Worten, vom Gegenteil zu überzeugen), sollte er lieber den Lehrer (und damit immer auch die Schule) wechseln.
Jedoch ist genau dies das Problem. Glaubt der Schüler, selber zu wissen, was richtig und falsch ist, was ihm gut tut und was nicht, bräuchte er ja gar keinen Lehrer. Und: wer bringt sich schon selbst in – in der

Regel ungewohnte, ungewöhnliche, meist unbequeme, zuweilen durchaus schmerzhafte – Situationen echter Grenzerfahrungen, in denen man über seinen Schatten springen, den „inneren Schweinehund überwinden“ muss, ohne, dass er es muss? Ein Lehrer weiß darum und ist nun aber genau jene treibende Kraft, die einem nämlich dann sagt, dass man es muss – und jene Kraft, die einem anschließend beweist, dass es gut war, richtig und wichtig. Der Haken am vermeintlich berechtigten Nichtzulassen und Lehrer-Abwählens vonseiten des Schülers ist die Gefahr des (laienhaften) Besserwissens und (trotzig) voreiligen Misstrauens, die die Erfahrung des Budo-Weges systematisch verbaut.

Dies ist der schwierige vom Schüler zu bewerkstelligende Balanceakt zwischen jenem Vorschussvertrauen, das zwingend notwendig ist, wenn man sich dem Budo und einem Sensei anvertraut, auf der einen Seite, und dem Sichverschließen und -verweigern, wenn's „zu bunt“, bei kritischer Betrachtung abenteuerlich und unsinnig, vielleicht schädlich für einen wird, was einem da abverlangt wird, auf der anderen Seite.

Der Schüler kann es nicht wissen und muss daher immer solange kritisch sein, bis er von der Seriosität des Lehrers und seines Angebots und Anforderungen überzeugt ist (z.B. indem er sich die fortgeschrittenen Mitschüler des Dojo und deren persönlich-menschliche Budo-Entwicklung anschaut und sich, immer dringend empfohlen, ein Bild über die Qualifikationen und Reputation des Lehrers in der (Fach-)Öffentlichkeit macht) – dann aber muss er sich einlassen auf Unbekanntes und auch da vertrauen, wo sein (eben immer Laien-)Verstand den Sinn einer Übung oder Aufgabe nicht erfassen kann.

Ein Schüler begibt sich, wenn die Phase der grundsätzlichen Vertrauensgewinnung vorüber ist, in die „Fänge“ seines Budo-Lehrers, weil er nur dann geführt werden kann in die ihm ansonsten verschlossen bleibende Welt der psycho-esoterischen, spirituellen Erfahrungen des Okuden.

Und doch sei nochmals hingewiesen auf die ernstzunehmende Gefahr, in der Kampfsport- und vermeintlichen Kampfkunst-Szene an falsche Meister, Heiler und Prediger zu geraten, die sich die Unwissenheit der

Anfänger und ihnen für sich abverlangtes Vorvertrauen zunutze machen, um sie in ihrer Pseudo-Budo-Welt als Statisten ihres eigenen absurden Theaters zu missbrauchen. Aber der Weg des Budo, auch wenn er oft nicht verstanden und auch verkehrt oder gar pervertiert wird, ist als solcher davon in seinem eigentlichen Wert natürlich unberührt, weil er an sich ja nicht dadurch falsch oder schlecht wird, wenn er von dubiosen Anbietern mit Etikettenschwindel als imageträchtiges Alibi herhalten muss.
Wenn aber wahre Schüler und Lehrer sich gefunden (ausgesucht) haben und für die Zukunft ein einvernehmliches Budo-Bündnis auf dem Weg eingehen wollen, ist die nötige „Intimität" zwischen dem Sensei und jenen, die ihm folgen, im Sinne des Ishin-Denshin-Lehr- und Lernsystems eine nur im Budo zu findende, höchst wirksame förderliche Energie, durch die vom Meister initiierten und mit ihm reflektierten Erfahrungen die eigene Persönlichkeit weiterzuentwickeln, den Geist zu öffnen, zu wachsen zu neuer menschlicher Größe.

Diese Qualität der rechten Lehrer-Schüler-Beziehung kann natürlich nur dann erwachsen, wenn der Lehrer alle seine Schüler persönlich gut kennt und außer um ihre familiären und sozialen Umstände auch um ihre Stärken und Schwächen, Vorlieben, Ängste und Nöte, ihren Charakter weiß. Immerhin will der Sensei ja alle seine Schüler fördern, individuell auf sie eingehen, mit und an ihnen „arbeiten", sie an ihre jeweils ganz verschiedenen körperlichen, seelischen und geistigen Grenzen und über sie hinaus führen, ihr „Herz ansprechen", ihnen bei ihrer Selbst-Findung, Selbst-Erkenntnis und Selbst-Verwirklichung behilflich sein, sie in ihren Bedarfen und Bedürfnissen erkennen, ermutigen, beraten, kritisieren...
Das kann aber nur gehen, wenn ein Dojo nur eine überschaubare Anzahl von Schülern hat, die der Lehrer überblicken kann, um ihnen individuell gerecht werden zu können.
Jede Bewertung des jeweiligen Weg-Fortschritts eines Schülers, selbst eher technischer Art wie z.B. bei Gurtprüfungen, ist immer höchst individuell, je nach Alter (Vorschul/Schulkind, Jugendlicher/Heranwachsender, Erwachsener zw. 30 und 40 Jahren, in den

50ern, Senior über 60), Budo-Erfahrung (Graduierung, Soto/Uchi-Deshi), Leistungsfähigkeit (physischer und psychischer Gesundheits-/Fitnesszustand, Statur), Geschlecht und unzählige zu berücksichtigende persönliche Besonderheiten (intro/extrovertierter Charaktertyp, gar Missbrauchsopfer oder ehemaliger Gewalttäter, religiöse Orientierung, soziokultureller Hintergrund usw. usf.) machen jede Feststellung des erbrachten Erfolgs zu einem sehr subjektiv und nicht verobjektivierbaren Ereignis.

Es gilt stets, die individuelle Entwicklung jedes einzelnen zu erkennen, dem das Eine leichter oder schwerer fallen muss – und deswegen darf – als dem anderen. So ist alles immer auch unterschiedlich zu bewerten, wenn's gerecht zugehen soll. Es gibt keine objektive Messbarkeit der erfolgreichen Leistung zum Blaugurt, weil Schüler A dazu aufgrund seiner Voraussetzungen „mehr" bringen muss als Schüler B zur gleichen Prüfung, der es wegen persönlicher Umstände viel schwieriger hat und selbst bei weniger Leistung wie sein Mitschüler besteht, A aber nicht. Dies, weil die Unterschiede beider Menschen (Persönlichkeiten) zu berücksichtigen sind und es sowieso immer nur darum geht, das fleißige Streben und Bemühen höher zu bewerten, als eine erbrachte End-Leistung, nur nach Zentimetern oder Sekunden bemessen. Jeder muss zu jeder Prüfung besser sein, als letztes Mal und immer versuchen, der Beste zu sein, der er eben sein kann (und das weiß der Sensei von seinem Schüler ja aber auch).

Riesige Vereine und Verbände mit Massenbetrieb können der Idee nicht gerecht werden. Es gibt dort keine echte Lehrer-Schüler-Beziehung, von Herz zu Herz, Ishin-Denshin. Es fehlt die Essenz des Budo, des Budo als Lehrweg, an sich und seiner Persönlichkeit zu arbeiten. In Verbänden wird Technik gelehrt, Politik betrieben, Sport praktiziert. Es geht da gar nicht anders...

ZEN – Der spirituelle Geist

Zen, was als „Tiefe", oder „Basis", „Kern" im Sinne von etwas „vertiefen", „auf den Punkt bringen", vom entscheidenden, essentiellen Wesen her „ergründen" verstanden werden kann, ist in zweierlei Hinsicht eng mit Budo verbunden, nämlich zum einen schon natürlich als der entscheidende philosophische Hintergrund vom Zen-Buddhismus schon seit Bodhidharma vor 1500 Jahren, zum anderen hinsichtlich der Idee, die Dinge vom Äußeren Schnickschnack zu befreien, sich des Unnötigen zu entledigen, um das Zentrale, um das es geht, möglichst schier, rein, perfekt zu entblättern.

Anders gewendet: Budo jenseits der äußeren Form (Omote) auf das Eigentliche konzentriert, den höheren Sinn hin und auf das Entscheidende (Okuden) orientiert, zu verstehen, d.h. zu studieren und zu praktizieren. Zen ist die geistige Grundlage allen Übens. Streng analytisch auf Präzision jedweden Tuns ausgerichtet – und doch übergeordnet offenen, freien Geistes. In der exakten äußeren Form liegt der Schlüssel zur Befreiung von ihr durch jene Meisterschaft, die dem Erkennen (dem, was man auch „Erleuchtung" nennt) entspricht.
Dies ist aber nur durch die strenge, absolute Formwahrung möglich, die erst wenn die Weg-Stufen (Shu, Ha) langen getreuen Übens der bloßen Übung willen durchlebt und am Ende „gemeistert" sind, zur Freiheit (Ri) führen. Erst, wenn der Körper den Bewegungen zu 100% korrekt und ganz automatisch folgen kann, ohne dass der Geist ihn noch steuern und kontrollieren muss, kann sich dieser seiner Aufgabe der Selbstschau im Tun und der Selbsterkenntnis widmen und sich in Meditation „erheben" zur gelebten Verbindung mit Allem, das hier und jetzt um ihn herum ist, wovon er Teil des Ganzen ist...

Aber zunächst einmal ist Zen eine strenge Methode, die Dinge geordnet und systematisch auf das Wesentliche beschränkt und konzentriert zu tun. Dies erfordert höchste Aufmerksamkeit (Zanshin), absolutes Gewahrsein und echte Bewusstheit im Tun! Das ist, was Zen lehrt. Alle

rituellen Übungen, ob im Stehen, Gehen (Kinhin), Sitzen (Zazen) oder beim Essen (Oryoki), beim Kalligraphieren (Shodo), Blumenstecken (Kado), Dichten oder eben im Ausführen von komplexeren Bewegungen (ob langsam wie im Tai Chi oder dynamisch wie im Budo) dienen dem Zweck, den Geist im schnörkellosen exakten Tun nur darauf zu fokussieren, dabei stille werden zu lassen, bereit, ohne Gedanken- und Gefühlsstörungen, Vorurteile und übliche Bewertungen rein zu empfinden, was gerade wirklich ist – ist, wie es ist, ohne zu sein, wie ich meine, dass es wäre oder dass es sein müsse.
Es geht darum, den Verstand, den Intellekt auszuschalten, das ständig ratternde, ruhelose Gehirn, das vermeintliche, an Selbsttäuschung verhaftete „Ich“, zum Schweigen zu bringen, um ohne es die Wirkung der realen Wirklichkeit zu erfassen. Alle Sinne geschärft auf sensibelste Wahrnehmung, auf aktives Gewahrsein seiner selbst im Raum und in der Zeit, des Lebens in einem und um einen herum. Nur bewusstes Sein.
Zen ist: Intensive Betrachtung und Innenschau, ohne Abschweife. Weder Dösen, noch Grübeln – allein das Aufgehen im Tun und Sein, ganz und gar. Einswerden mit der Handlung, der Umgebung, der Welt. Erkennen, wie sehr ich von allem um mich herum abhänge, wie alles von mir abhängt, wie wir zusammengehören.

Wenn ich sitze, sitze ich, sitze und atme und sitze, vertiefe mich ins Sitzen („Sitz“-Zen) – sonst nichts. Ich erhebe mein Sitzen zur Kunst, zum einzig Wichtigen, dem Einzigen, was jetzt ist, einem Juwel jedes neuen Augenblicks, einem Juwel meiner Existenz.

Zen erhebt das Banale zum Besonderen, in dessen „Tiefe“ und „Kern“ die ganze Wahrheit des Lebens selbst wurzelt. Es wird zum Abbild des Lebens selbst, hier, jetzt, das ich diesem Einen so intensiv widme, und das sich mir in meinem Erkennen offenbart als Teil meines eigenen Lebens, so kostbar, unwiederbringlich.

Wenn ich eine Technik ausführe, mache ich nichts als diese Technik, immer wieder, hunderte Male, nur diese eine, so genau und gut wie möglich, immer wieder neu, wie das erste Mal, studiere sie, wie sie sich anfühlt, führe sie wieder aus, bin ganz bei der Technik – ja „bin“ die Technik selbst. Zen-Geist ist Anfänger-Geist; Grundlage für stetes Üben, Staunen, Lernen, Verstehen – und zunehmendes Können. Die Dinge immer wieder von Grund auf neu erleben, sie im fortwährend strebsamen Bemühen vervollkommnen – das ist der Motor des Fortschritts. Nicht immer noch mehr, oder „höher, schneller, weiter“, sondern das Wenige, das Eine noch genauer, viel präziser, exakter am Ideal – das ist Zen und Budo-Geist.

„Ken – Zen – Ichi“ heißt es in berühmtem japanischen Sprichwort: „Faust und Zen sind eins“, auch: Budo und Zen sind das Gleiche, gehören zusammen. Besonders im traditionellen Schwertkampf (Iaido, Battodo) oder Bogenschießen (Kyudo) ist dies deutlich geworden: historisch als perfektionierte tödliche Waffenführung und vollkommene Beherrschung der darum berühmt gewordenen Krieger (Bushi, Samurai), und heute im friedlichen Budo als echte Kunstform und aufs Wesentliche pointierte Bewegungsmeditation par excellence.
Es geht aber ja aber nicht allein um die Verbesserung der äußeren Form, zu der Zen in so hohem Maße taugt, sondern die Entdeckung und Entwicklung der eigenen Spiritualität.
Durch Budo-Praxis wird viel über sich selbst gelernt, der Charakter geschult, das Selbstbild weiterentwickelt, innere Ressourcen freigelegt, Werte und Überzeugungen modelliert, Glaubenssätze optimiert.
Durch den Geist des Zen und die in Meditation geborene Spiritualität, die den Blick auf einen selbst eröffnet, seine ureigenen Denkmuster und eingefleischten Verhaltensstrategien, ist imstande, mir den Blick auf mich, mein Leben, das Leben als solches und an sich, die Wirklichkeit zu werfen. Fragen nach dem Sinn des Lebens, der Bedeutung dessen für mein eigenes Sein aufzuwerfen und nach Antworten zu suchen, die mich tragfähig auch angesichts von Krankheit und Tod in meine bewusst erkannte Zukunft führen. Es ist möglich, Wahrheiten, ja die Wahrheit überhaupt zu finden und Zugang zur eigenen „Wahr“-

“Nehmung“. Ich bin „Erleber“ und Schöpfer meiner Wirklichkeit, der Wirklichkeit.
Meditation im Budo, Budo als Meditation, vor allem aber die klassische Sitzmeditation des Zazen, in der man sich auf seine Mitte konzentriert, hat die kraftvolle Wirkung, sich selbst zum Guten und sein Leben positiv zu verändern – wenn man „streng übt“, was im Budo grundsätzlich erforderlich ist. Nichts fällt da leicht...
Aber, Meditation, die, wie mein Lehrmeister Helmut immer sagt, als „Selbsthingabe an die Magie der Situation“, so tief in uns selbst bewegt, uns das „Mysterium des Lebens“ erschließt, verändert Bewusstsein, “Bewusst-Sein“, öffnet verschlossene Herzen, die, wie aufknospende Blüten, empfindsam werden für das Wesentliche, Wichtige: Achtsamkeit und Wertschätzung allen Lebens, dessen verwundbarer Teil ich bin.
Der Geist hat die Fähigkeit zur Immanenz, also in erkenntnistheoretischer Sicht dem noch so analytisch-klugen Verbleiben in den Grenzen möglicher Erfahrung (relative Wirklichkeit), aber auch das Potential zu einer diesseitigen Erfahrbarkeit überschreitenden Transzendenz, nämlich der Erfahrung absoluter Wirklichkeit, die aus buddhistischer Sicht dann in der Erleuchtung (Satori) dauerhaft wird.
Nicht, dass Budoka etwa alle weise oder erleuchtet wären – aber sie können den Weg ernsten Übens beschreiten, jenen traditionellen Pfad, der die Qualität, systematisch dahin zu führen, in sich birgt.

Ohne Zen ist Budo kein Budo. Es muss dabei nicht um die Praxis der Sitzmeditation (Zazen) gehen (oder des Gehens, Kinhin), aber um die spirituelle Haltung und Motivation des Übenden und seiner Gemeinschaft, nach Höherem zu Streben, nach Wahrheit und Wahrhaftigkeit seines Denkens, Fühlens und Tuns, sich und sein Handeln in Demut und Größe auszurichten nach vorne, nach oben, nach innen, in Wertschätzung und Liebe zum Sein und Werden. Budo ist jene spirituelle Praxis.

Literatur

Wolters, J.-M.: Kampfkunst als Therapie; Frankfurt, Bern, New York, Paris 1992

Wolters, J.-M. u.a. (Hrsg.): Budopädagogik. Kampfkunst in Erziehung, Therapie und Coaching; Augsburg 2008

Wolters, J.-M.: Shoto Kempo Ryu. Das Wissen der Meister; 5 Bände, Öljeholm 2013

Die Kunst, den Hakama zu binden. Persönliche Ansichten zur Qualität des Budo

Schmitz, Hubert

Einleitung

Die Kunst den Hakama zu binden - oder warum es sinnlos ist, das Bokken aus der Hand zu ziehen.

Wenn ich zurückblicke und überlege, wie lange ich mich bereits mit Budo beschäftige, komme ich zu dem Schluss, dass es Zeit ist, ernsthaft damit anzufangen. In den letzten Jahren konnte ich verschiedene Erfahrungen sammeln und habe diese in unterschiedlicher Weise zu reflektieren gesucht. Mittlerweile ziehe ich aus dem Ziehen des Schwertes - zumindest für mein eigenes Verständnis - sinnvolle Schlüsse. Ich erkenne einen Veränderungsprozess, vielleicht sogar eine positive Entwicklung. Bevor ich zum Iaido fand (1988) und dies seit 1991 im Verein (Iaido Dojo Hakushinkai Köln e.V.) und später dann auch in verschiedenen Funktionen und Ämtern im Verband (D.I.V. – Deutscher Iaido Verband, später im DIaiB – Deutscher Iaido Bund) aktiv förderte, machte ich Erfahrungen im Judo, Karate, Aikido, Ju Jutsu und Kyudo. Später erweiterte sich mein Fokus auf Jodo, Battodo, Budo-Pädagogik, buddhistische Praxis und schließlich seit 2006 auf die Leitung des ShiZenKan-Dojo in Köln.

Während die Freude an der Übung geblieben und die Auseinandersetzung damit noch intensiver geworden ist, haben sich meine Einstellung und die grundlegende Motivation erheblich verändert. Heute ist es der besondere Reiz, etwas über mich selbst zu erfahren und die Auseinandersetzung mit dem Budo dabei als Auslöser und Orientierungshilfe zu nutzen. Bei all den verschiedenen Übungswegen und Methoden, mit denen ich mich im Laufe der Jahre beschäftigt habe, ist die Iaido-Praxis

für mich Zentrum dieser Auseinandersetzung, Schwerpunkt meines Interesses und intensivster Ausdruck gewesen.
Am Anfang meines Weges habe ich als Bedeutung von "Iaido" die Umschreibung, "die Kunst, das Schwert zu ziehen", kennen gelernt. Auch wenn dies keine Übersetzung des Begriffes selbst ist, erklärt es doch, wo der zentrale Fokus dieser Kampfkunst liegt. Nicht im Kämpfen oder gar Siegen, wie bei vielen anderen Disziplinen, sondern in der Form, wie das Schwert gezogen und damit die beginnende und entscheidende Handlung in einer Schwertkampfsituation ausgeführt wird. Nicht viel mehr und sicher nicht weniger.
Hayashizaki Jinsuke Shigenobu Sensei (1549–1621) entwickelte diese Facette als besonderen Ausdruck des Schwertkampfes, in dem er den unvorhersehbaren Moment des Beginns einer kriegerischen Auseinandersetzung auf Leben und Tod formulierte: "Wenn die Tötungsabsicht des gegenübersitzenden Gegners fühlbar ist, ihm zuvorkommen, indem ich das Katana durch die Schläfe ziehen."[2] Dies ist natürlich nicht seine Originalaussage, sondern der Beginn der Beschreibung der ersten Form im Basis-Iai (Seitei Iai) des Alljapanischen Kendo Verbandes, der ZNKR (Zen Nihon Kendo Renmai), die in Japan neben Kendo, Jodo und Naginata-Do auch für einen Teil des praktizierten Iaido und vornehmlich für die Organisation von Prüfungen und Wettkämpfen zuständig ist. Diese Aussage ist also das Ergebnis einer Jahrhunderte überdauernden Weitergabe und gleichsam einer Neuformulierung dieser Kunst in unserer Zeit. Sie ist damit auch die Anleitung zum Beginn der ersten Form (Mae).

Neben der ZNKR gibt es in Japan auch Verbände und einzelne Schulen, in denen entweder nur Iai- bzw. Iaido oder auch andere Disziplinen vertreten werden. Die Vielfalt und Angebote unter der Bezeichnung Iaido sind groß. Das „Seitei Iai“ der ZNKR wurde 1967 vornehmlich als Grundlage für den korrekten Umgang mit dem Katana (das Katana ging

[2] Zen Nihon Kendo Renmai Iai, Kommentar der ZNKR, Ausführliche Beschreibung des Seitei Iai, übersetzt von Masako Shitara, S. Ordynsky R. Bonert im Auftrag des DIaiB

im 15. Jahrhundert aus dem Tachi (langes Schwert) hervor und wurde ab Ende des 14. Jahrhunderts traditionell von japanischen Samurai verwendet) an Kendo-Übende gerichtet und von verschiedenen Lehrern zuerst in 7 Kata (Formen) aus deren traditionellen Schulen standardisiert und einheitlich beschrieben, um so auch als Wettkampf- und Prüfungsprogramm zu dienen. Bis heute ist das „Seitei Iai“ auf 12 Kata erweitert worden.

Mit der oben zitierten Formulierung sind wir bei einer weiteren Eigenheit des Iaido. Die Tötungsabsicht des gegenübersitzenden Gegners kann, da dieser Gegner immer „Kaso Teki“ (immer imaginärer Gegner) ist, nicht wahrgenommen werden. Er ist im Iaido ein Luftikus, real nicht existent, daher muss er vom Geist in der Vorstellungskraft des Übenden erst erschaffen werden. So wird die erste beschriebene Einleitung einer Kampfhandlung – nämlich die Tötungsabsicht des Gegners fühlend, die Klinge des Katana durch seine Schläfe zu ziehen – zum paradoxen Wesensmerkmal im Budo, sprich, für den Anfänger zur Unmöglichkeit eines Möglichen. Denn es ist auch nicht Aufgabe der übrigen Anwesenden im Dojo, in Partnerübungen (die es nur zur plastischen Erläuterung der Formen oder als zeremonielle Gestaltung einer Vorführung gibt) diese Tötungsabsicht zu „spielen“ und das Geschehen so auf eine gegenständliche Ebene zu ziehen. Die Auseinandersetzung mit dem imaginären Gegner ist entscheidend für die Entwicklung der eigenen Qualität im Iaido und damit für unser persönliches Niveau. Zeigt er uns doch, dass er im Zweikampf nie der Stärkere, Schnellere oder gar Hemmungslosere ist und seine Tötungsabsicht sich nicht in Taten umsetzt, sondern dass wir es sind, die beständig an ihm -und damit ausschließlich an uns selbst- scheitern, weil wir weder ihn in seiner ganzen Dimension (real) erschaffen können, noch mit ihm in der gerade für uns möglichen Variante bewusst und angemessen umgehen können. Hier begründet sich ein wesentlicher Zugang zur spirituellen Ebene der Kampfkunst, der Beginn des Do. Über Kaso Teki an dieser Stelle weitere Gedanken zu formulieren, erst recht etwa Anleitungen zum praktischen Umgang zu geben, wäre nicht nur ein anderes Thema, sondern auch der abwegige Versuch, Praxis durch Theorie zu ersetzen:

Alles Weitere muss durch einen Meister, in Begleitung zur praktischen Übung im Dojo geschehen.
Der Anfänger im Iaido wird also gleich mehrfach an – seine – Grenzen stoßen, wenn er sich in traditioneller und tiefgründiger Weise mit Budo, hier im Speziellen mit Iaido, beschäftigt. Das hat Methode.

Die Bedeutung des Budo - oder von der Haltung, konsequent im Trüben zu fischen

Ich bin davon überzeugt, dass Budo für den, der diesen Weg wählt, eine existenzielle Erkenntnis bereithält, eine ‚Kostbarkeit', die sich zu finden lohnt und die im Grunde ‚einfach' entdeckt bzw. erfahren werden kann. Die reichhaltige und klare Bildsprache des Iaido macht den Umgang mit dem Schwert gut nachvollziehbar, sie strukturiert den Schwertweg und hilft, diese Erkenntnis und Neubetrachtung jenseits der offensichtlichen Abläufe, Bewegungen und Regeln zu entdecken. Wir müssen nur verstehen, dass alle Anforderungen und die uns schon bekannten Beschreibungen nicht das eigentliche Ziel, sondern Bestandteile und Etappen des Weges sind. Sie beschreiben also nicht die ‚Erkenntniswahrheit' und den Schatz selbst, sondern allein die ‚Schatzkarte' sowie den Entstehungsweg dieser Karte und geben so letztlich eine Anleitung zum Arbeiten damit - dies stets als Anlass, Aufforderung und Chance zur persönlichen Entwicklung. Wäre der Übungsweg bereits das Ziel, würden wir die Praxis des Budo nicht als einen (Lebens-)Weg verstehen. Den Weg jedoch mit einem ‚Ziel' zu verwechseln, macht selbstgefällig und weich: Für den, der sich schon sowohl auf dem Weg als auch am Ziel wähnt, braucht es keiner weiteren Mühen und keiner Achtsamkeit, es erwartet ihn nichts Neues und er unterliegt keiner Veränderung. Wer so denkt oder fühlt, und nicht ernsthaft an seiner eigenen Entwicklung arbeitet, scheint weit entfernt von den Möglichkeiten, die uns Budo bieten kann.

An dieser Stelle ist festzuhalten, das „Budo" eine moderne Begrifflichkeit ist, die rückblickend verschiedene Einflüsse auf die Entwicklung der japanischen Gesellschaft zusammenfasst und heute nicht einheitlich verstanden und angewendet wird. (Wikipedia: *„Budo (japanisch 武道, deutsch Militär-Weg, Kriegskunstweg, Weg des Krieges) ist der Oberbegriff für alle japanischen Kampfkünste, also Jiu Jitsu, Judo, Karate, Aikido, Shorinji Kempo, Sumo, Kendo u. a., die – im Gegensatz zu den traditionellen Bujutsu-Kriegskünsten – außer der Kampftechnik noch eine „innere" Do-Lehre oder auch -Philosophie enthalten." [...] „Die Begriffe „Budo" und „Bushido" (Weg des Kriegers) haben auch noch eine übertragene Bedeutung: als Methode zur Selbstverwirklichung und Selbstkontrolle. Die ersten Budo-Systeme sind in der vergleichsweise friedlichen Edo-Periode (1600-1868) entstanden, als die Samurai keine Kriege führen mussten und sie Zeit für das Üben der Kampfkünste hatten.")*.

Was wir heute kurzum als Budo benennen, war in Japan Prozess und Resultat einer über einen langen Zeitraum vollzogenen kulturellen Entwicklung. Es war Teil der Ausbildung, Lebensanschauung und Kultur der Samurai und hatte damit einen erheblichen Einfluss auf die Entwicklung der gesamten japanischen Gesellschaft. Die Aspekte des Do, die auf uns heute einen besonderen Reiz ausüben, spielten dabei nicht immer in gleicher Intensität eine Rolle und mussten sich erst einerseits ausdifferenzieren, andererseits verdichten. Heute unterstellen wir eine ‚innere' Do-Lehre oder philosophische Inhalte, Methoden zur Selbstentwicklung und Selbstkontrolle ohne zu verstehen, wie das denn überhaupt funktionieren soll und wie die notwendigen, historischen und inhaltlichen Entstehungsimpulse waren.

In der Rückschau auf die Entwicklung der letzten 500 Jahre gewichten wir bestimmte Dinge und lassen andere außer Acht. Der Samurai-Kodex (ähnlich unserem Ritter-Kodex), der Dojo-Kun (Regelwerk über das Verhalten im Dojo / Hausordnung) oder das Hagakure[3] können als Hinweise auf die Existenz oder vielmehr den zur Entstehungszeit dieser Werke angeprangerten allgemeinen Mangel an Do-Qualitäten und Budo-Inhalten, einem Verlust von Werten, Verantwortung oder Etikette dienen. Grundsätzlich sollten wir auch bewusst zwischen den alten

[3] Tsunetomo Yamamoto: „Hagakure", Angkor Verlag, 2012

Schulen (Koryu) und ihrer traditionellen Art der Überlieferung und den eher modernen Disziplinen und neuen ‚Erscheinungsformen` unterscheiden. Viele der im Budo verwendeten Fachbegriffe haben sich im Laufe der Zeit verändert oder werden heute nicht richtig (gemäß ihrer vollen Bedeutung) verstanden. Wenn wir von ‚Iaido` sprechen, nutzen wir einen neuzeitlichen Begriff, der in Japan nur in Fachkreisen bekannt ist und sich aus ‚Iru' (leben), ‚Awaseru' (eindringen) und ‚Do' (Weg) zusammen setzt, also keinen konkreten Hinweis auf den Schwertkampf beinhaltet. Früher waren Beschreibungen wie „Haya Nuki" (schnelles ziehen), Batto- oder Ken-Jutsu (Schwertkampf) üblicher. Auch die Muso Shinden Ryu („Traum-Geist-Überlieferungsschule") entstand in ihrer heutigen Form erst im 20. Jahrhundert und wurde von Nakayama Hakudo Sensei (11.02.1873 - 14.12.1958, 10. Dan Iaido Hanshi, 10. Dan Kendo Hanshi, 10. Dan Jodo Hanshi) aus verschiedenen Stilen (Omore Ryu und Hasegawa Eishin Ryu) und einzelnen Formen, deren genaue Herkunft nicht verbrieft ist [zusammengefasst im heutigen Oku Iai] kanonisiert. Nakayama Sensei war übrigens auch Mitbegründer der schon erwähnten ZNKR.

Erst nach dem 2. Weltkrieg wurden viele alte Disziplinen formal um die Bezeichnung ‚Do' ergänzt und sodann neue Standards entwickelt (siehe z.B. „Seitei Iai" oder „Seitei Jo" der ZNKR). Ob innerhalb der verschiedenen Schulen (Ryu) eine Öffnung oder eine inhaltliche Entwicklung erfolgt, hängt vom jeweiligen Gründer (Soke) bzw. seinem Nachfolger ab. Die Namensänderung der Disziplinbezeichnung hat da wenig Einfluss und wird von einer Öffentlichkeit eher überbewertet.
Alles zusammen erfuhr dann, als ‚Sport' deklariert oder, noch widersprüchlicher zum ‚Kampfsport' stilisiert, eine weitere Entstellung und wurde im Sog der Esoterik-Welle einem neuen und zumeist unkritischen Publikum als irgendwie ‚spirituell' angelegter Lebensweg zugänglich, jedoch nicht gangbar gemacht.
Selbst wenn innerhalb einer Disziplin explizite Methoden und Inhalte existieren, die das Attribut ‚Do' im Namen rechtfertigen, können die Erwartungen und der Anspruch an eine Weg-Philosophie nur durch die jeweilige Schule und im unmittelbaren Wirken eines Meisters, der

diese Methoden in traditioneller Weise umsetzt, erfüllt und erfahren werden. Obschon Übende um die Existenz und die notwendige Präsenz tatsächlicher Meister wissen, orientieren sie sich leichtfertig an scheinbar bedeutsamen Dan-Graduierungen und Titeln (Sensei, Shihan, Soke, usw.) oder modernen Informationsquellen (Video, Internet, Buchhandel) und hoffen auf dein Erfahrungstransfer auf einem Lehrgang, bei einer Prüfung oder im Wettkampf. Leider wird oft eine generelle (durchaus positive) Erfahrung mit einer zielgerichteten persönlichen Unterweisung in Form der traditionellen Weitergabe der erprobten Lehre (sinnhafter Erlebnistransfer) gleichgesetzt. Zudem wird eine tatsächliche Auseinandersetzung mit dem Lernprozess im Budo durch die existierenden Umstände (eingeschränkte Übungszeiten, Nutzung von Turnhallen, Focus auf Technik und Form, usw.) oft verhindert. Wenn wir jedoch Budo in seiner ganzen Bedeutung praktizieren wollen, müssen wir einen Großteil unseres damit verbundenen Aufwandes in den Dienst des tatsächlich existierenden ‚Do' stellen. Dabei lohnt es sich im Hinterkopf die Zeit um 800 n. Chr. zu haben, als der Buddhismus den ‚Weg' von China nach Japan brachte und dort eine neuartiges Bewusstsein entstand.
Viele Disziplinen sind seit dem entstanden und unterliegen einer Veränderungen und zwangsweisen Auslese. Gerade in den letzten 100 Jahren wurden die Kampfkünste durch vielfältige äußere Einflüsse und kulturelle Veränderungen geprägt, z.B. durch die Öffnung gegenüber dem Westen (Weltkriege, Einflüsse der Besatzungsmacht, Entwicklung der Medien, neues kulturelles Interesse, Esoterik-Welle, Kampfkunst-Welle, usw.) und der damit verbundenen Modernisierung des Budo und seiner Rahmenbedingungen. Dies dürfen wir bei einer Analyse des Budo und der Beschäftigung mit der Wirkungsweise der Budo-Praxis nicht außer Acht lassen. Daher verstehe ich den Begriff ‚Budo' heute als theoretische Maßeinheit, deren Spannungsbogen durch die Pole ‚Kriegshandwerk' und ‚Spiritualität' definiert wird und sich in die bekannten Rahmenbedingungen (Dojo, Reiho, Shitei, usw.) eingebettet erweist, die ihrerseits als prägend für die Kultur der Samurai und damit auch der japanischen Gesellschaft zu sehen sind. Diese Aspekte mit Leben und Inhalten zu füllen, ist unsere Aufgabe bei der Annahme,

Ausübung und Weitergabe dessen, was wir selbst durch einen Meister vermittelt bekommen.

Entwicklung bedeutet Veränderung - oder die aufwändige, aber spannende Suche nach dem Verborgenen

Als erwachsene und vernunftbetonte Wesen sind wir nur bedingt in der Lage, uns in wesentlichen Selbstaspekten – z.B. des Umgangs mit unserer Körperlichkeit, der alltäglichen Pflichten, der kulturellen Prägung, usw. – zu verändern. Dies grundlegend zu akzeptieren, bedeutet, dass wir vor allem unsere Sichtweise und die eigene Wahrnehmung verändern können und ggf. müssen. Bevor wir unser Selbst ändern (können), benötigen wir schließlich, um diesen Prozess sinnvoll und sicher begleiten und kontrollieren zu können, das notwendige ‚Equipment'. Ansonsten wird unser Intellekt als eine Art Schutzfunktion (im Sinne einer rationaler Abwehr) verhindern, dass wir mit unserem Selbst ‚spielen' und dieses somit – unter Nutzung des individuellen Veränderungspotenzials – einer dann ja ‚ungeplanten' und ‚unkontrollierten' Veränderung unterziehen. Eine Veränderung des Selbst will daher reiflich überlegt und vorbereitet sein. Da wir gerne die Metapher des ‚Weges' im Budo nutzen, können wir uns diese Vorbereitungen als "Reiseplanung" und "Packen des Rucksacks" vorstellen. Doch was benötigen wir auf einer Reise in ein unbekanntes Land? Wie weit und umfassend kann eine Veränderung durch Budo überhaupt sein? Und was muss daher alles zum Bestandteil unserer Planung werden? Fragen, die früh zu stellen sich lohnt und die auch zeitig beantwortet werden sollten.

Schauen wir also auf die „Reiseberichte" anderer, die schon auf diesem Weg waren und die uns bevorstehenden Erfahrungen schon gemeistert haben. Immerhin haben sie von der Reise mit Ihrem Meister ausgesuchte Methoden, praktische Übungen und tiefgreifende Veränderungen ihrer selbst mitgebracht. Und dies macht sie schließlich auch zu Meistern ihrer Kunst und zu guten Reisebegleitern für uns selbst.

Sich allein oder nur mit Gleichgesinnten auf den Weg zu machen, wäre nicht von Vorteil und leichtsinnig. Vielmehr benötigen wir den erfahrenden Wegmeister, der uns nicht nur begleitet und in gleichartiger Weise den Weg wahrnimmt, sondern als geschulter Führer auch Gefahren, falsche Wegweiser oder schwierige Etappen (er)kennt, benötigte Hilfsmittel, sichere Unterkünfte und vertrauenswürdige Helfer vermittelt, der Vorsorge für unerwartetes Wetter oder Unglücke getroffen hat und sich evtl. an interessante Herausforderungen bei kleinen Wegabzweigungen erinnert, die er uns erschließen kann. Hören wir daher auf die Hinweise und Belehrungen unserer Meister und versuchen wir zu verstehen, was diese bedeuten und vor allem wie sie gemeint sind. Solche Berichte und Anweisungen sind in der Regel aus der Sicht des Erlebenden verfasst und formuliert. Manchmal beschreiben sie Dinge, die wir nicht verstehen können, bevor wir sie nicht selbst erlebt oder gesehen haben. Sie muten mitunter seltsam, unglaubwürdig oder fantastisch an. Daher benötigt es Vertrauen, um diese Reise der Veränderungen sinnvoll vorzubereiten und sie dann auch frohen Mutes anzutreten. Ein Großteil des uns vertrauten Budo ist darauf ausgerichtet dieses benötigte Vertrauen und körperliche Grunderfahrungen zu entwickeln, um dann erst in die Lage zu kommen, umfassende Belehrungen und spirituelle Hilfen annehmen zu können.
Können wir uns auf die Belehrungen unserer Meister ver- und einlassen, liefern sie uns verlässliche Grundlagen und die im Budo vorhandenen Schritt-für-Schritt-Anleitungen, die es uns erlauben, gleichsam die Kontrolle zu behalten und trotzdem eine schleichende Veränderung zuzulassen. Wir erkennen diese kleinen Veränderungen oft erst dann, wenn wir uns bewusst umdrehen und zurückschauen, welche Wegstrecke wir bereits zurückgelegt haben. Während es am Anfang oft über Berge (euphorische Stimmung) und durch Täler (Frust und Ungeduld, weil sich vermeintlich nichts verändert) geht, werden diese Stimmungsschwankungen mit fortschreitender Intensität einer bewussten Übungspraxis weniger. Wir fühlen uns beständiger (auf der körperlichen Ebene stabiler) und können achtsamer an einem identifizierten Thema arbeiten. Die Wahrnehmung auch kleiner Veränderun-

gen ist differenzierter und wir wissen auch Dinge zu würdigen, die vormals nicht im Fokus unseres Interesses lagen. Wir beginnen, tatsächlich Neues zu erfahren und anzuerkennen. Am Anfang hilft es uns, wenn wir den eigenen Standpunkt sicher lokalisieren, uns während der Übung aufrichten und bewusst einer Richtung zu wenden! Im Schwertkampf wird diese Hinwendung in der Verlängerung der eigenen Mitte durch das Schwert vor dem Bauch, in der am häufigsten vorkommenden Körper-Schwert-Haltung (Chudan Kamae), symbolisch dargestellt. Wer spürt, hinter dem Schwert zu stehen, hat sich selbst gefunden.

Bezüglich der Länge der Wegstrecke und der zeitlichen Dauer sich auf ihr zu bewegen, hört man oft Aussagen, wie die von Meister Hakuo Sagawa (08.02.1917 – 16.12.2004; 9. Dan Iaido Hanshi und 8. Dan Kendo Kyoshi) auf die Frage wie man so gut wie er selbst werden könne geäußerte Antwort: *„Wenn ihr auch so lange übt wie ich, dann werdet ihr das alle können. Ich habe einfach 50 Jahre mehr Erfahrung und Übung darin…"*. Dabei meint er m. E. jedoch die Umsetzung der körperlichen Aspekte und der Technik, die uns oft schon so schwer fallen, und weniger die uns interessierende Persönlichkeitsentwicklung, die uns bei der Begrifflichkeit „Do" in den Sinn kommt, mit den dafür notwendigen Veränderungen des Selbst, über die ich gerade schreibe. Wenn er auf Lehrgängen in Deutschland erkannte, dass wir thematisch mit einer Übung überfordert waren, hat Sagawa Sensei uns daher aufgefordert, das Schwert aus der Hand zu legen und mit einem leichteren Holzschwert (Bokken) zu arbeiten – also unter einfacheren Bedingungen das eigentliche Thema (und vor allem unseren Körper) zu erspüren. Oft forderte er uns nach einiger Zeit auf, nun auch das Bokken an die Seite zu legen und die gleichen Formen nur mit den Händen und dem Körper in der Bewegung zu erfahren. Die Übung führte also weg von der komplexen Aufgabe in Verbindung von Körper, Schwert, Form und Kaso Teki und hin zu der Wahrnehmung des eigenen Körpers und der puren Bewegung.

Die traditionelle Basis der Belehrung im Budo ist die Körperarbeit. Diese ist damit auch eine äußere Technik mit dem Ziel, in der Ausführung und im Zueigenmachen der Technik auf den Geist zu wirken und eine veränderte Wahrnehmung zu entwickeln. Dies nicht nur als eine ver-

änderte Wahrnehmung des Gegners (Position, Abstand, Ausrüstung, usw.), der Technik (Schlag, Tritt, Hebel oder Waffengebrauch) oder der Übungsform (Grundlagentraining, Formenpraxis, Freikampf, usw.), sondern vor allem des Selbst, der eigenen Möglichkeiten und Grenzen. Die Methode der Budo-Praxis thematisiert diese Aspekte nicht direkt, sie erklärt sich nicht selbst oder wird als Anspruch über die Beschäftigung mit dem Budo gestellt, sondern lässt ihre Entwicklung in kleinen Schritten passieren, um dann irgendwann als neuartige und vielschichtige Handlungsperspektive verfügbar zu sein. Die Entwicklung und Veränderung des Geistes erfolgt vom Geist unbemerkt, weil sie sich über den Umweg der körperlichen Übung und in der Beschäftigung mit der definierten Form (Kata) vollzieht. Daher verhindert unser Geist diese Veränderung auch nicht. Dies ist der Weg des Budo; von der körperlichen Erfahrung zur entwickelten, geistigen Wahrnehmung und Erkenntnis und so zu einer neuartigen Sicht auf das Selbst (Persönlichkeitsentwicklung) und die eigenen Möglichkeiten (Potential).
Die Erkenntnis, dass diese Veränderung schon im Kontext des Budo weit vor der eigentlichen Technik und vor entwickeltem Können beginnt, ist von prägender Bedeutung. Daher ist es im Iaido bzw. Budo elementar, bereits den Hakama (Hosenrock) korrekt – also sinnvoll – zu binden und daraus die präzise Wahrnehmung des Schwertes im Gürtel und an der Hüfte zu entwickeln. Dies ist einer der ersten Schritte. Wer hier andauernd scheitert, wird von den nachfolgenden Übungen und Formen kaum mehr profitieren.
Auch in der Verwendung des hölzernen Schwertes (Bokken oder Bokuto) ist es elementar, dieses beim Iaido am Ende der Form immer in den Gürtel zu schieben (analog zum Schwert das in die Saya eingeführt wird) und erneut daraus zu ziehen (und nicht aus der lockeren linken Hand), damit die Eigenart der Iaido-typischen Wahrnehmung einer korrekten und präzisen Schwertbewegung permanent entwickelt wird. Bokken und Iai-To (nicht scharfes Übungsschwert für die Iai-Praxis) sind in dieser Verwendung gleich, wenn auch durch die Saya (Schwertscheide) des Iai-To technische Unterschiede und ein wesentlich feinfühligeres Arbeiten (beim Umfassen der Saya-Öffnung mit der linken Hand) entstehen werden. Dies wiederum lässt sich in der Verwendung

eines Shinken (geschmiedetes, scharfes Schwert) weiter verfeinern und um zusätzliche Aspekte bereichern. Shinken und Saya schulen den Geist, Iaito und Saya schulen die Form, Bokken und Bewegungen ohne Schwert schulen den Körper und unsere Wahrnehmung. Form und Geist benötigen den geschulten Körper. Doch Iaido ist mehr als das Schwert, mehr als Körper, Form und Geist.

Die Entstehungsgeschichte und die geistige Dimension der Übungsintensität

Das Schwert zu ziehen beginnt im Gürtel und damit in der Hüfte. Natürlich steckt das Schwert nicht selbst im Gürtel (Obi) und schon gar nicht in der Hüfte, sondern in der Schwertscheide (Saya), welche wiederum im Obi steckt, der durch die Bänder des Hakama (Himo) unterstützt und gehalten wird.
Diese Details meiner Ausführungen stützen sich auf die Unterweisungen, die ich von Sagawa Sensei erhalten habe und die auch durch Unterweisungen von anderen Lehrern und Schwertmeistern nicht in Frage gestellt wurden. Dabei handelt es sich zum überwiegenden Teil um jene Unterweisungen, die in der von Sagawa Sensei unterrichteten traditionellen Schule der Muso Shinden Ryu („Traum-Geist-Überlieferungsschule“) und dem zuvor erläuterten Seitei Iai der ZNKR geläufig sind. Iaido selbst umfasst eine Vielzahl sehr unterschiedlicher Schulen (Ryu), die eigene Kleidungsregeln, Sichtweisen, Prinzipien, Zielsetzungen und natürlich auch spezielle Formen und Techniken im Umgang mit Schwert, Körper und situativem Kontext besitzen. Aus diesem Grunde steht es mir nicht zu, über Iaido (als Summe aller Schwertziehschulen) alleine aus meiner eingeschränkten Sicht der Muso Shinden Ryu, und vornehmlich geprägt durch die Unterweisungen von Sagawa Sensei, zu schreiben. Trotzdem denke ich, dass mit diesem notwendigen Hinweis auf die Unvollständigkeit und die Einseitigkeit meiner Erläuterungen und meines thematischen Verständnisses der Komplexität des Themas Genüge getan ist, der Nutzen meiner

Ausführungen überwiegt und in eigener Verantwortung erwogen werden kann.
Also noch mal: Das Ziehen des Schwertes beginnt im Gürtel und damit in der Hüfte. Nun ziehen wir das Schwert nicht aus der Hüfte selbst. Das wäre genauso unrichtig, wie – siehe oben – das Vorhandensein der Saya nicht zu erwähnen. Doch ist die Hüfte das eigentliche, zentrale Element des Iaido, wie es mir zuteilwurde, und daher möchte ich es so formulieren: ‚Aus der Hüfte' bedeutet, sowohl aus der Präsenz als auch der Bewegung der Hüfte, auch wenn diese Definition nun wiederum nur den augenscheinlichen, sprich äußeren und körperlichen Teil der Aktion beschreibt, und für die Entwicklung des Selbst noch nicht ergiebig und interessant genug ist.
Denn wenn Iaido tatsächlich zur gezielten, positiven Veränderung der Persönlichkeit geeignet ist und wenn über Generationen diese Qualitäten weitergegeben wurden, und zwar so, dass diese auch heute noch für uns (damit meine ich sogar für kultur- und kontextfremde Nichtjapaner) wertvoll sind, dann kann es sich dabei nicht um zufällige, beiläufige oder vereinzelte Aspekte handeln. Vielmehr muss der gesamte Iaido-Kontext der Persönlichkeitsentwicklung derart klar und wirkungsvoll in die Übungspraxis eingewoben sein, dass diese Entwicklung in der korrekten Anwendung und Ausführung nun auch für uns noch erfahrbar und umsetzbar ist. Es lohnt sich also, nach den Kriterien zu suchen, in denen wir die bedeutsamen Inhalte der traditionelle Überlieferungen und des qualitativen Budo finden und fördern können. Es ist die Aufgabe eines jeden ernsthaft Übenden, die Spreu der alltäglichen Angebote mit der Bezeichnung „Budo" vom Weizen der ‚zielgerichteten und sinnvollen Entwicklung' zu trennen.
Es scheint, dass erst wir im Westen in besonderer Weise an den Aspekten der Persönlichkeitsentwicklung interessiert sind. Für die Japaner waren diese immer in natürlicher Weise dazugehörend und Teil des gesamtkulturellen Einflusses. Budo zu praktizieren war und ist verbunden mit dem täglichen Leben und wird auch bis ins hohe Alter, oft mit Beginn der Rente erneut oder intensiver, betrieben. Budo ist in Japan halt Budo und muss nicht erst kompliziert erklärt oder analysiert werden. Das bedeutet aber nicht, dass in der japanischen Haltung zur

Übung bereits die Auseinandersetzung existierte, die Budo per se und in besonderem Maße persönlichkeitsentwickelnd macht. Dies gelingt erst in der persönlichen Hinwendung des Übenden zum Meister und zur Lehre und ist damit gänzlich unabhängig von z.B. der Nationalität, dem Geschlecht (nach heutigen Gesichtspunkten) oder dem Alter einer Person. Wichtig sind hingegen die Vorkenntnisse und Einstellungen des Übenden, insbesondere in Hinsicht auf seinen offenen Geist (Haku Shin). Erst wenn der Meister in seinem Wirken den Geist des Übenden erreicht, kann durch die Weitergabe von Erfahrung persönliches Wachstum in besonderer Weise forciert werden. Es braucht also den geeigneten Übenden, damit dieser sich zum wirklichen ‚Deshi' (Jünger / Gefolgsmann) entwickeln kann. Die oft übliche Verwendung der Bezeichnung ‚Schüler' (oder Lehrer-Schüler-Verhältnis) ist stark an dem westlichen Verständnis dieses Begriffes orientiert und dadurch meines Erachtens oft irreführend und versachlichend. Budo bietet hingegen mehr und wir sollten uns nicht scheuen, für diesen Mehrwert auch die richtigen Begriffe zu finden. Hinweise zum gezielteren Umgang mit der Bezeichnung ´Jünger` ergeben sich aus folgendem Wikipedia-Eintrag: *„Der Begriff Jünger (von althochdt. jungiro „Lehrling", aus jung) bezeichnet jemanden, der sich einer religiös prägenden Persönlichkeit zur Zeit ihres Wirkens und Lehrens anschließt. [...] Ein Jünger ist mehr als ein Schüler. Wenn es auch in religiösen Bezügen ausgesprochene Lehrer-Schüler-Verhältnisse geben kann, geht die Beziehung des Jüngers zum Meister insofern darüber hinaus, als der Jünger vor dem Erwerb von Wissen und Fähigkeiten z. B. die Erfahrung der Gemeinschaft, persönlichen Verbundenheit und des Vertrauens genießt."* Wie soeben bei Wikipedia gelesen ist im Umkehrschluss der Meister also eine religiös prägende Persönlichkeit, und nicht (nur) eine Person mit einem gewerblich-technischen Meistertitel, zu der wir eine persönliche und vertrauensvolle Beziehung eingehen. Sehen wir uns das genauer an. Natürlich erwarten wir bei demjenigen, der uns bei der Entwicklung unserer eigenen Persönlichkeit zur Seite stehen soll, eine ausgeprägte Persönlichkeit. Aber religiös prägend? Geht das nicht gleich in zweifacher Hinsicht zu weit? Wo ist unsere religiöse Freiheit? Und wer will sich schon prägen lassen? Wikipedia definiert: *„Als Religion (von latei-*

nisch religio ‚gewissenhafte Berücksichtigung', ‚Sorgfalt', zu lateinisch relegere ‚bedenken', ‚achtgeben', ursprünglich gemeint ist „die gewissenhafte Sorgfalt in der Beachtung von Vorzeichen und Vorschriften.") wird eine Vielzahl unterschiedlicher kultureller Phänomene, die menschliches Verhalten, Handeln, Denken und Fühlen prägen und Wertvorstellungen normativ beeinflussen, bezeichnet. Einige Religionen beruhen auf philosophischen Systemen im weitesten Sinne oder haben solche rezipiert. Einige sind stärker politisch, teils sogar theokratisch orientiert. Einige legen starken Wert auf spirituelle Aspekte, andere weniger. Überschneidungen finden sich in nahezu allen Religionen und insbesondere bei deren Rezeption und Ausübung durch den einzelnen Menschen."

Religion bedeutet also Aufmerksamkeit auf menschliches Verhalten, Handeln, Denken und Fühlen zu entwickeln und Wertevorstellungen sinnvoll zu beeinflussen. In diesem Sinne soll der Meister nicht missionieren, sondern aufklären und in den meisterlichen Aspekten seiner Persönlichkeit Vorbild sein. Ob wir diese Qualitäten im Sinne einer Prägung annehmen wollen und können, liegt bei uns. Es ist aber der entscheidende Faktor, diesen Aspekten im Budo den nötigen Raum und eine Übens- und Erlebnispraxis zu geben, damit unsere eigene Entwicklung schließlich authentisch, inspiriert, spontan, frei und freudvoll sein kann.

Vergleichen wir nun die zwei Personen im Dojo mit einem Sender und einem Empfänger wie bei einem Radio, dann ist uns klar, dass der beste Sender nichts nützt, wenn der Andere nicht auf Empfang ist. Auch wenn wir im Budo bereitwillig eine Hierarchie akzeptieren, sollten wir doch beide Beteiligte, also Meister und Übender (später dann Meister und Jünger), sowohl als Sender und auch Empfänger verstehen. Daher ist der Übende einerseits in der Gefahr, selektiert wahrzunehmen und andererseits in der Lage, gezielt ‚Hörerwünsche' zu formulieren, und so den Grad des eigenen Interesses und der eigenen Bereitschaft zu bekunden. Dies geschieht wieder nonverbal durch den fortschreitenden Grad der Identifikation mit den verschiedenen Themen im Budo, z.B. durch die Art der Praxis des Reiho (Etikette) und anderer Vorgaben

und Regeln im Dojo („Weg-Raum“, Ort der Auseinandersetzung). Würden es keine Rückmeldungen und keine fordernde Präsenz des Übenden geben (z.B. Reishiki – Entwicklung einer inneren Haltung während der Praxis des Reiho) und wäre der Meister nur an der Weitergabe eines definierten Inhaltes interessiert (vergleichbar mit einem Lehrer, der einen definierten Lehrstoff in der vorgegebenen Zeit vermittelt), gäbe es wohl keine erwähnenswerte persönliche Entwicklung beim Übenden. Dies ist aber das unausgesprochene Ziel im Budo! Wenn der Übende dazu bereit ist, dies zu empfangen, so betritt er das Dojo mit dem Ausspruch „onegaishimasu“ („ich empfange dankend“) und der Meister hat dafür Sorge zu tragen, durch sein Vorbild vor allem jene Prinzipien, Methoden und Sichtweisen zu vermitteln, die den Übenden befähigen, den Blick nach innen zu richten – um schließlich auch die äußeren Anforderungen und Formen vollständig auszufüllen.
Die japanische Akzeptanz und Hingabe zur körperlichen Übung erlaubte es über Generationen, die Qualität des Budo in seiner traditionellen Form zu erhalten. Diese Tradition wurde nur wenig in Frage gestellt oder als auf schwierige Weise überhöht betrachtet, wie z.B. im Hagakure (jap. 葉隠, wörtlich: Hinter den Blättern. Eine Sammlung über 1.300 Lektionen aus der Edo-Periode, über das tägliche Leben und die Tugenden der Samurai sowie über das Verhältnis zwischen Fürst und Gefolgsmann), in dem sehr idealisierte und teils persönlichkeitsverachtende Ansichten vertreten werden. Durch praktische Erfahrung getragen war die Übungspraxis des Budo für den Einzelnen immer eine adäquate und historisch legitime Möglichkeit, in besonderer Weise persönliche Erfahrungen zu machen und dazuzulernen, um so – auch über die Enge des Dojo hinaus – die Kultur des Budo in die Gesellschaft zu tragen. Die persönliche Praxis ist der Schlüssel, solange diese nicht zum Selbstzweck (einer Kampf-, Technik- oder Leistungsorientierung) wird, sondern durch entwicklungsrelevante Erfahrungen und persönlichkeitsverändernde Impulse, die unmittelbar auf den Geist wirken, geprägt bleibt. Und dafür benötigt es durchaus spirituell (‚religiös‘) prägende Persönlichkeiten und Vorbilder...
Daher war es die Aufgabe der Meister die Inhalte mit persönlichkeitsentwickelndem Charakter sicher mit Übungsformen und Verhaltens-

normen zu verweben und so die wichtigen Inhalte an die nächste Generation zu geben, auch wenn diese von den Übenden einmal nicht ausreichend angenommen, umgesetzt und schließlich verstanden wurden (z.B. von nicht fähigen Personen in der Rolle eines technischen Lehrers). Die Entwicklung und Weitergabe von Qualitäten funktionierte nicht einfach nur durch die praktische Erprobung von Kampftechniken im Zweikampf, z.B. mit Schutzausrüstung und Bambusschwert (Kendo) oder in der Konfrontation mit einem realen Gegner und verschiedenen Waffen (z. B. Jodo), oder etwa in der exakten Beschreibung aller Begleitumstände, Techniken und Inhalten. Es war viel mehr nötig, durch markante Situationen, reduzierte äußere Einflüsse (Kaso Teki anstelle eines existierenden Gegners) und präzise Bewegungen mit einem idealen Werkzeug (dem scharfen Schwert) den gesamten Übungsfokus (Kata) auf den Übenden selbst und auf seinen Geist zu lenken. Im Iaido üben wir daher nicht mit einem ‚Gegner' (egal ob wir diesen als Gegner oder Partner bezeichnen), sondern in der Gegenüberstellung mit dem Meister (Imitation). Dafür war und ist es hilfreich, dass im Iaido realistische, ersichtliche und überprüfbare Szenarien (nicht Techniken!), die durch den Einsatz von Körper und Schwert und die Verwendung einer reduzierten Ausgangssituation immer wieder erfahrbar und reproduzierbar waren, zur Anwendung kamen. Alle genutzten kämpferischen Elemente haben zudem beispielhaften Charakter und geben aufgrund der Einsamkeit innerhalb der Form (da kein reales Gegenüber existiert) Rückmeldungen an den Übenden über ihn selbst. Wer also die Übungssituation des Iaido nachstellt, sich auf die Selbstspiegelung durch das Gegenüber einlässt und den eigenen Geist offen hält, wird den Erfahrenstransfer und die Wirkung der Übungspraxis erleben. Die Methode des Budo wirkt, insbesondere in der Disziplin des Iaido und in der Ausprägung, die ich erfahren habe. Sie ist damit zeitlos und kann unter idealen Bedingungen (wieder)entdeckt werden. Doch Inhalte und Aspekte anzunehmen und frisch umzusetzen, um zu entdecken was vor uns schon erkannt und praktiziert wurde, ist – nur – dann möglich, wenn der Übenden diesen Weg absichtslos, erfahrungsorientiert, vertrauensvoll und mit offenem Geist geht.

Ansonsten wird der Weg bereits zum Ziel, der Meister somit vom Lehrer abgelöst und die Kampfkunst zur sportlichen Körperertüchtigung oder zur Wehrübung, dies freilich immer mit dem Bewusstsein aller Beteiligten, dass sich in Wahrheit mehr dahinter verbirgt und eine andere Qualität möglich ist.
Um der notwendigen Erfahrung den nötigen Raum zu lassen, gilt die allgemeine Anweisung, beim Üben nicht unnötig zu reden und auch nicht auf Erklärungen des Meisters zu warten, sondern seinem Vorbild zu folgen und die gezeigten Bewegungen ohne eigene Unterbrechung beständig zu wiederholen. Jede dieser Wiederholung verlangt nicht, z. B. zehn Mal die gleiche Bewegungsfolge stereotyp auszuführen, sondern ein emotionales Erlebnis mehrfach – jedes Mal intensiver – zu durchleben und eben diese Bewegungsfolge aufgrund genau dieser emotionalen Erfahrung jedes Mal in veränderter Weise neu anzugehen. Es wird daher nicht nur der Bewegungsfluss eingeschliffen und die (äußere) Technik verbessert, sondern Mal für Mal ein bewussterer Zugang zum Erleben selbst ermöglicht. Die intensive Auseinandersetzung mit der äußeren Bewegung darf die Achtsamkeit gegenüber den inneren Prozessen und das Erleben der Situation nicht überdecken. Somit entwickelt sich die Wahrnehmung des Übenden entweder im Gegenüber mit dem Meister oder als eigene Herausforderung im Erfahren des situativen Geschehens der jeweiligen Form. Dabei ist jede Bewegung im Kontext der Form mit Bedeutungen verknüpft und da es in den kurzen Kampfsequenzen der Iaido-Kata immer wieder um existenzielle Stimmungen und Emotionen geht, erlebt der sensible und reflektierende Übende ein Wechselbad der Gefühle.

Daher reicht es auch nicht aus, die Bewegung des Meisters (der so in der Sicht des Übenden zum Lehrer würde) nur zu kopieren. Vielmehr benötigt es einen offenen Übenden und einen inspirierenden Meister, der seinen Bewegungen sowohl Erfahrung, Persönlichkeit und die Prägung der selbst erlangten Erkenntnis beizufügen vermag, auf dass diese Inhalte dem Übenden (Jünger) ebenfalls zugänglich werden. Diese inneren Prozesse dürfen nicht gespielt werden oder unwirklich bleiben, sodass die Vorführung des Meisters authentisch sein und beeindrucken, ja, den Zuschauer geradezu betroffen machen sollte, anstatt einfach nur ‚glaubhaft', ‚stark' oder ‚korrekt' zu wirken. So zeigte sich Sagawa Sensei derart beeindruckt und fasziniert von einer Iaido Vorführung die er als Kind gesehen hat, das der den Wunsch verspürte sich ebenfalls in dieser Kunst zu versuchen. Da es zu dieser Zeit jedoch keinen Lehrer und auch keine entsprechenden Angebote in seinem Umfeld gab, beschloss er mit Kendo zu beginnen. Erst Jahre später wurde es ihm möglich dann auch Iaido zu üben.[4] Für eine Steigerung

---

[4] Auszug aus einer Übersetzung eines Artikels aus der Japanischen Fachzeitschrift: "**Kendo Jidai**", Ausgabe Nummer sieben vom Juli 1993. Der Artikel wurde von Richard Bonert, Frankfurt übersetzt. „[...] Zum ersten Mal Iai gesehen habe ich als ich Schüler der Mittelschule war. Es gab eine Kendo-Taikai in Fukushima-Ken, in einem Ort namens Koriyama. Dort hatte ich die Ehre, das Iai von Sensei Jikita Oshima zu sehen. Ich entsinne mich, dass mich die Schärfe der Entschiedenheit der Bewegung stark beeindruckt hat. Denke ich jetzt darüber nach, war es vielleicht die Bewegung in sonstiger Bewegungslosigkeit, die mich beeindruckt hat. Aber nicht nur in der Bewegung; ich frage mich, ob die Faszination nicht letztendlich darin lag, dass selbst in den bewegungslosen Augenblicken der Geist/das Bewusstsein niemals stillstehen darf. Jedenfalls ging ich noch völlig von der Sache eingenommen nach Hause zurück, aber nur um gleich wieder mit einem Schwert loszuziehen und auf Bäume einzuschlagen. Ich dachte, ja, das Iai ist bestimmt auch gut fürs Kendo, und wollte gleich loslegen. Aber, naja, in unserer Gegend gab es weit und breit niemanden, der es mir hätte beibringen können. So übte ich mit einem Iai-Lehrbuch in der Hand für mich alleine. Ob das gut war oder schlecht, was ich da gemacht habe, will ich nicht beurteilen, aber es war sicher ein sehr eigenwilliger Stil. Um keinen Preis hätte ich meine Übungen irgendjemanden sehen lassen, aber Spaß gemacht hat es mir schon damals. (lacht) Etwa Showa 24 (1949) hing in der Nähe unseres Hauses ein Plakat von der Komazawa Butokukan (unter der Leitung von Mukai Yoshida Sensei) und da fing das Kendo-Training an. Es wird oft gesagt, dass zu jener Zeit das Kendo verboten gewesen sei, aber dort war es sogar so, dass Angehörige der amerikanischen Truppen am Training teilnahmen. In dieser Komazawa Butokukan gab es einen Lehrer namens Hakudo Nakayama Sensei, dem ich meine erste Unterweisung im Iai verdanke. Ich entsinne mich, dass sein Iai ein sehr scharfes und

der eigenen Qualität ist es zudem notwendig, den eigenen Ausdruck um die Tötungsabsicht des imaginären Gegners zu erweitern und dies auch dem Zuschauer (oder Meister) zu vermitteln. In der Auseinandersetzung mit den Kata im Iaido wird der natürliche Kampf auf Leben und Tod kultiviert und der Übende damit zu einer intensiven Umsetzung und Erfahrung ermutigt. Daher sind in der Form und als Teil der Übung reale Emotionen erlaubt und machen uns im Laufe der Entwicklung auch sensibel für die generelle Tötungsabsicht im Raum, bzw. für die Erfahrung dass unser Leben nicht sicher ist. Eine intensive Wahrnehmung und Offenheit hilft uns eigene Schwächen zu lokalisieren und zu verändern. Besiegen wir unsere Unzulänglichkeiten und Ängste, fehlt es dem Gegner an Angriffspunkten.

Die Methoden im Budo enthalten das Versprechen, den Weg gemeinsam zu gehen und so Sicherheit und Hilfe zu erfahren. Wenn auch das Ziel weit weg und eine Zielerreichung illusorisch zu sein scheinen, muss sich doch jeder selbst seinen Ängsten und Schwächen stellen. Alles Unbekannte und Schwierige lädt ein, sich von Äußerlichkeiten gefangen nehmen zu lassen. Daher müssen zuerst unser Blick und unsere Absicht klar werden, damit in der Orientierung am Meister das tatsächliche Ziel auch erkennbar wird. Erst wenn wir lernen, die Nebel in der Übungspraxis zu sehen, können wir diese wegfegen oder auch voller Vertrauen unsere nächsten Schritte trotz des Nebels auf den Weg setzten.
Der Ursprung vieler Rituale und Umgangsformen im Budo entstammt erkennbar der Zen-Praxis. Der Dojo ist in seiner Bedeutung, Ausrichtung und Einrichtung an den Strukturen eines buddhistischen Tempels orientiert. Daher gelten in Beiden auch die gleichen Verhaltensnormen. Dies war pragmatisch und ist auch dem Umstand geschuldet, dass die spirituelle Lehre des Budo ursprünglich aus Klöstern und von Mönchen stammt. Andererseits aber wäre der Rückschluss, dass Iaido oder sogar das gesamte Budo selbst aus den Klöstern und Tempeln

---

schnittiges war, gerade so recht geeignet, die trübe Nachkriegsluft auseinanderstieben zu lassen und zu vertreiben. [...]"

und damit aus dem Zen(Buddhismus) oder Buddhismus kämen, nicht richtig. Die körperliche Grundlage des Budo entstammt der Kriegerschaft, der kriegerischen Ausbildung und den Erfahrungen in den kriegerischen Auseinandersetzungen.

Erst ab dem Jahr 806 begann der Einzug und in der Folge die Verbreitung des Mahayana-Buddhismus in Japan in vier Hauptrichtungen (Mikkyo 密教 - esoterischer Buddhismus des Tendai 天台 und Shingon 真言, Amitabha-Buddhismus, Zen-Buddhismus 禅宗 und ab 1253 Nichiren-Buddhismus 日蓮). Während in den Klöstern zuerst Tendai und Shingon zur Anwendung kam, verbreitete sich nach außen hin und als Einstiegspraxis ab dem Jahr 850 der Zen-Buddhismus in den Ausprägungen „Soto" und „Rinzai". Die Zen-Praxis zeigt sich daher in der Struktur und äußeren Gestaltung des später entwickelten Budo, während die spirituelle Praxis und Sichtweise des esoterischen Buddhismus (Vajrayana, jap. Mikkyo, „geheime Lehre") für die persönlichkeitsentwickelnden Inhalte und für das Wesen der Meister verantwortlich ist und erst durch diese Kombination heute wie damals Budo etwas Bemerkenswertes sein lässt.

So spannend es sein mag, diese gesellschaftlichen und spirituellen Einflüsse auf das Iaido nachzuvollziehen, so bedeutsam ist diese Klärung für das, was davon in der Übungspraxis auch heute noch auf uns als Übende einwirkt. Die sich entwickelnde Kriegerkaste Japans (hin zu Einigung des Reiches und damit zu einer Friedenszeit, die Kunsthandwerk und Wohlstand ermöglichte) brauchte Impulse, um insbesondere die inneren, traumatische Verletzungen der über Generationen andauernden Kämpfe zu heilen. Die Krieger, die aktiv nach einem Ausweg aus Tod, Leid, Abhängigkeit und Ausweglosigkeit suchten, fanden möglicherweise persönliche Hilfe in den Angeboten der Klöster, von denen einige kriegerisch waren und zeitweise ein wichtigen Machtfaktor in der politischen Landschaft darstellten (Kriegermönche). Daher war das disziplinierte Leben als Mönch vielleicht gar nicht so verschieden von dem bisherigen Leben als Samurai und eine interessante Alternative zum Dienste unter einem Fürsten. Anderen Schulen, Klöstern oder einzelnen Mönchen war aber die Einverleibung von Kriegerper-

sönlichkeiten in ihre Struktur weniger wichtig als die unmittelbare Hilfe und Unterweisung dieser Personen, wie sich bei Takuan Soho (1573 – 1645), dessen Wirken und Einfluss auf Miyamoto Musashi (1584 – 1645) und seiner Korrespondenz mit Yagyu Munenori (1571 – 1646) entnehmen lässt.
Nicht die Zen-Praxis an sich oder die Aspekte des klösterlichen Lebens und der dortigen langfristig angelegten buddhistischen Ausbildung waren die direkten Quellen, aus denen neue Gedanken und Sichtweisen in den erfahrenen aber psychisch ausgemergelten Kriegern entstehen konnten. Es waren unmittelbare und persönliche Belehrungen durch inspirierte Personen, die eine neuartige spirituelle Sichtweise schenkten, sowie neue Methoden, die der etablierten (Schwert-)Übungspraxis direkt eine andere Bedeutung geben konnten. Erst jetzt entstanden die vielen Stilrichtungen und Schulen, basierend auf den alten Erfahrungen im Kampf und erweitert um frische, befreiende Eindrücke ihrer inspirierten Gründer. Was vormals Kampftraining oder militärische Ausbildung war, wurde nun in kurzer Zeit zu einer individuellen Qualität, die nicht mehr innerhalb der Gesamtheit der Samurai praktiziert wurde, sondern als veränderte Praxis in einer kleinen Schar von inspirierten Suchenden und Freidenkern.
Die praktizierte Reflektion einer qualitativ verbesserten kämpferischen Grundlage (weil nicht mehr destruktiv, konfrontativ, gegnerabhängig und allein kampf- bzw. siegesorientiert) mit der Erfahrung einer spirituellen Sichtweise und optimierten Methoden setzte sich im Laufe der Zeit nicht nur als persönlicher Lebens- und Übungsweg durch, sondern fand seine ideelle Struktur in der Weitergabe vom Vater auf den Sohn oder vom Meister an den Jünger. Dieses Können und Wissen dann quasi zum Beruf zu machen, im eigenen Dojo zu unterrichten und konsequent weiter zu entwickeln, war das natürliche Resultat der äußeren Umstände. Analog wird die Entstehung von Geschichten und Heldenverehrungen nachvollziehbar, die ihrerseits Wirkung auf die Entwicklung ethischer Grundsätzen und moralischer Vorstellungen hatte. Was wir rückblickend als Budo erkennen, hat im Laufe der Zeit dazu beigetragen, die japanische Gesellschaft mit Vorbildern und positiven Maßstäben zu konfrontieren. Der Rest ist Geschichte.

Während in der Budo-Praxis demnach die kriegerisch-körperliche Arbeit in den ersten Jahren / Jahrzehnten im Vordergrund steht, ist der geistige oder spirituelle Anspruch in der Disziplin des Zen im allgemeinen präsenter und wird durchaus auch in Japan intellektuell ergründet und instrumentalisiert. Aufgrund der umfangreichen Literatur über Zen und aus der unreflektierten Annahme, dass beides miteinander in enger Verbindung steht, kann es passieren, dass die Begrifflichkeiten und jeweiligen Anschauungen aus der Sicht des Budo nicht klar genug getrennt werden, sich so gegenseitig beeinflussen und letztendlich mystifizierend wirken. Aus der Übernahme Zen-typischer Rituale ergeben sich nicht zwangsläufig ein identischer geistiger Hintergrund und eine gleichgerichtete spirituelle Sichtweise. Die Denkweise des Zen ungeprüft als Grundlage für die eigene Budo-Praxis zu nehmen, ist nicht hilfreich, zumal im Zen eine eigene Praxis existiert und diese nicht den kämpferischen Wurzeln der Kampfkünste entstammt. Auch sind die Zielgruppen, für die beide Wege optimiert wurden, nicht identisch. Budo hat eine eigene, mit der vormals kriegerischen Übungspraxis verbundene Spiritualität, die es für uns – für uns als kämpferisch unerfahrene, moderne Menschen – so interessant macht und einen anderen (körperlichen und urtümlichen) Zugang ermöglicht. Damit öffnet sich die traditionelle Budo-Praxis einem eigenen Personenkreis und führt in spezifischer Art und Weise diesen in die Erfahrung einer natürlichen und praxisorientierten Spiritualität ein (Mikkyo). Aus dem verdeckten Umgang mit dieser inneren Ausrichtung entstehen die Paradoxien die wir in vielen Beispielen und Lehrsprüchen des Budo kennen und lieben – jedoch oft nicht so richtig verstehen und anwenden können.

Eine weitere Erklärung für das Vorhandensein verwirrender Umstände in der Betrachtung von Budo ist der Effekt, dass sowohl der zuvor beschriebenen Umweg über Köper, Technik und die im Budo vorhandenen Rahmenbedingungen als auch die oben angerissene historische Entstehung und Entwicklung in vielen Zusammenhängen selbst für Meister und langjährig Übende weitgehend unbewusst (unformuliert und unkommuniziert) zur Anwendung kommen und daher auch erst

identifiziert werden müssen. Wenn wir Budo erkennen und anwenden wollen, sollten wir auch verstehen, welche historischen Grundlagen und welche Einflüsse aus anderen Disziplinen existieren und wie sich Budo und damit auch die eigene Disziplin aufgrund dieser Faktoren entwickeln konnte. Meinen wir hingegen das Eine, während wir über das Andere reden (oder dieses praktizieren), stehen wir uns selbst sprichwörtlich im Weg. Der Meister benötigt im Budo seinerseits eine spirituelle Basis und sollte persönlich ein tiefes Vertrauen und Zuversicht entwickelt haben, damit die Übenden davon profitieren können.
Aus solchen erschwerenden Umständen und Gründen ist die Budo-Qualität der gezielten Persönlichkeitsentwicklung heute zwar noch grundsätzlich verfügbar, wird jedoch aus Mangel an Klarsicht, durch Übergewichtung der äußeren Aspekte, aufgrund der zahlreich vorhandenen Budo-‚Lehrer' (die vornehmlich Formen und Regelwerke weitergeben) und durch undifferenzierte Vermischung mit Zen-Aspekten, mit Kampf- bzw. Leistungssportideen und/oder im Kontext moderner Verwaltungsstrukturen schnell in den Schatten gedrängt. Es liegt in unserem eigenen Interesse, Licht ins Dunkel zu bringen und die wirkungsvollen Methoden des traditionellen und spirituellen Budo auf allen Ebenen anzuwenden und ihr Entwicklungspotenzial zu nutzen.
Es findet also eine Weitergabe der Budo-Qualität statt, ohne dass sie das zentrale Ziel der Unterweisungen im Dojo wäre. Sie schwingt mit und steht unformuliert, mithin unkonkret hinter allen Unterweisungen, wird daher nicht wirklich erkennbar und offenbart sich nur, wenn über jahrzehntelange Auseinandersetzung mit Budo das Talent und die Einstellung eines Übenden tatsächlich zu einem meisterlichen Wert reift. Doch auch dann kann der Meister oft selbst nicht so recht erklären, wie durch die eigene Budo-Praxis sein (innerlich bescheidenes, jedoch äußerlich augenscheinliches) Niveau entstehen konnte. Das Ergebnis äußert sich schließlich als recht allgemeine und wenig hilfreiche Aufforderung, nicht vom intensiven Üben abzulassen und sich in Geduld zu fassen, um Jahre später ebenfalls meisterliche Aspekte verinnerlicht zu haben. Doch so einfach ist es nicht: Nicht jeder Übende wird zum Meister – selbst wenn er einen Meister gefunden hat und sich jahrelangen Übungen unterzieht - und mancher Meister erzählt in

seinem Lebenslauf von Schwächen und Schwierigkeiten in der Kindheit (von z. B. Krankheiten, ungenügender Einstellung, negativen Erfahrungen) oder Schwierigkeiten in der Beschäftigung mit den äußeren Aspekten des Budo (Verletzungen, nichtbestandene Prüfungen oder ausscheiden bei Meisterschaften). So scheint die Qualität des Meisters nicht abhängig von körperlicher Fitness, Kraft, Konditionstraining oder äußeren Erfolgen und Anerkennung zu sein. Entscheidender könnten vielmehr die offene Haltung zur inneren Übung (z. B. zur persönlichen Betroffenheit) und der sich selbst entschlüsselnden Methodik und Sichtweise sein, die in der Budo-Praxis schließlich Anwendung findet.
Falls ein jeder allein durch das bloße Üben von Iaido- oder Budo- und -Formen vielleicht seine Persönlichkeit von Grund auf ändern könnte, dann hätte Iaido heute einen anderen Stellenwert und die Menschheit eine andere Reife. Um beim Beispiel der Schatzkarte zu bleiben, würde es bedeuten, dass ein jeder diese Karte direkt erkennen und verstehen würde und der Schatz kaum lange verborgen bliebe. Alle Schätze wären längst gefunden und ihr Nutzen der Menschheit oder zumindest dem Finder zugänglich. In der Karte würden sich also alle speziellen Hinweise, geheimen Andeutungen, inhaltliche Zusammenhänge und vielleicht auch das Glück des Tüchtigen als unnötig erweisen. Damit wäre die Karte schnell überflüssig, da der Schatz – einmal gehoben – der Karte Wahrheit (die da lautete: ‚Es gibt einen versteckten Schatz zu finden und diese Karte ist der notwendige Schlüssel dazu') zunichtemachte. Ähnlich ist es auch bei der Weitergabe der Budo-Qualitäten. Wären diese Qualitäten einem jeden unmittelbar über das Bewegen der Formen zugänglich, wäre die intensive Beschäftigung mit Budo unnötig: Es gäbe keine besondere Entwicklung und keinen Reifungsprozess. Doch es muss schon der Richtige kommen, der dann basierend auf den Unterweisungen eines Meisters, mit eigener Tüchtigkeit und individueller Intensität erfährt, welche Hinweise nun dazu führen, eine Persönlichkeitsentwicklung anzustoßen und sie dann auch gezielt zu begleiten. So ist es dann kein Schatz aus Gold und Silber, der zu entdecken ist, sondern das Erlebnis, an der Schatzsuche langfristig und intensiv beteiligt zu sein und über die eigene Entdeckung reich beschenkt zu werden. Budo forciert eine persönliche Entwicklung und ist

darin für jeden Übenden in sinnvoller Weise anders. Erst im Ziel, das ein jeder in seinem Bemühen, seine Persönlichkeit (und damit sein Selbst) gezielt zu ändern und zu erweitern, erfahren kann, ist die Wirkung des Budo im Allgemeinen persönlichkeitsverändernd.

Praxis: Das Schwert im Gürtel

Doch zurück zu den Grundlagen, denn diese liefern das benötigte Vertrauen in die Methoden und bilden die notwendigen, eigenen Fähigkeiten aus, diesen Weg nun auch mit der Anleitung des versierten Meister zu gehen.
Das Schwert aus der Saya zu ziehen, ist zu profan, als dass damit eine besondere Wirkung verbunden werden könnte. Ebenso verhält es sich damit, den Bokken aus dem Gürtel zu ziehen. Dass die Bänder des Hakama den Sitz des Schwertes beeinflussen, ist leicht verständlich, und dass dies alles und noch vielmehr zeitgleich um die Hüfte herum passiert, ist auch offensichtlich – wenn man darauf hingewiesen wird und nicht die Kampfeslust die Selbstwahrnehmung trübt. Dass ‚alles um die Hüfte herum passiert', ist vielleicht der größte Fingerzeig, der uns dazu bringen soll, zu verstehen und zu beherzigen, dass Iaido mehr ist, als das Schwert zu ziehen. Es kann der Einstieg in die verborgene Überlieferung der Erfahrung und des Verstehens sein, der erste Schritt zur Arbeit mit dem Selbst und zur eigenen Meisterschaft.
Stellen wir uns den Anfänger in seiner ersten Stunde vor, mit dem Schwert in der Saya, diese im Gürtel und gehalten von den Bändern des Hakama. Alles was er nun tut, ist das Schwert aus dieser Saya zu ziehen und dabei um die eigene Hüfte zu agieren. Doch dies ist noch nicht das uns verändernde Iaido. Dies ist nur eine unzureichende Beschreibung und alsdann eine Bewegung. Und dass diese Bewegung um die Hüfte herum stattfindet, wird während der Übung selbst zumeist niemand ausreichend wahrnehmen. Dies hat zur Folge, dass die Position und Zuarbeit der Hüfte nicht bewusst und ausdruckstark ist (und natürlich in den ersten Übungsstunden auch noch nicht ausgeprägt

und wirkungsvoll sein kann) und somit die Grundlage einer zielgerichteten Wahrnehmung nicht vorhanden ist. Es ist also wichtig, gerade am Anfang langsam und mit dem Blick auf den Ausdruck der Bewegung zu arbeiten, und nicht die Bewegung nur ‚irgendwie' oder ähnlich zu gestalten. Ansonsten wird das Schwert eher mechanisch aus der Saya gezogen (Motto: Erstmal raus, damit es weiter gehen kann...). Was für eine Degeneration einer zielgerichtet entwickelten Kunst, die diesem Moment nämlich höchste Aufmerksamkeit und Bedeutung zukommen lässt!

Iaido besteht nicht allein darin, das Schwert zu ziehen. Iaido ist die Möglichkeit, über die korrekte Art, das Schwert zu ziehen, eine besondere Wahrnehmung zu entwickeln. Die korrekte Art wiederum bedeutet, dass alle Komponenten des Ziehens in höchster Weise aufeinander abgestimmt sein müssen, damit die Qualität der Wahrnehmung überhaupt eine Grundlage hat. Stellen wir es uns vor, wie ein Orchester, das im Zusammenspiel verschiedener Instrumente und auf Geheiß des Dirigenten beim Spielen einer Melodie eine besondere Stimmung schaffen soll. Da ist nun die Kunst, das Schwert zu ziehen, reduziert auf mechanisch anmutende Bewegungen, so gehaltvoll wie die Kunst, Töne zu erzeugen, indem mit einem Fagott emotionslos auf eine Trommel gehauen wird.

Erwarten wir mehr und gehen wir auf die Suche. Immerhin verstehen wir die Budo-Künste und damit das Iaido als lebenslange Entwicklung und Verfeinerung von Qualitäten. Dafür ist es wichtig, wie wir mit dieser Kunst umgehen und ob wir uns auf die Überlieferungen und Belehrungen unserer Meister überhaupt einlassen. Gegen einen imaginären Gegner zu kämpfen kann nicht die primäre Aufgabenstellung beim Ziehen der Klinge sein. Das Nichtvorhandensein dieses Gegners zeigt dies umso deutlicher. Wichtig – wenn auch schwierig für den Anfänger – ist es, den Prozess des Ziehens tiefgreifend zu erfahren und vor allem Ausrichtung und Bewegung der Hüfte sowie deren Wahrnehmung zu intensivieren. Liegt hier nicht im Vornhinein die Aufmerksamkeit, wird der Weg für den Übenden sehr lang, das Ziel gerät aus dem Blick und es tun sich Abzweigungen auf, die in die Irre führen. Ohne klaren Ausgangspunkt, gespickt mit falschen Wegweisern und mit verschiedenen

Markierungen, wo ein Schatz (sinnvolle Erfahrung) liegen könnte, wird es schwer, die richtigen Schlüsse zu ziehen und die Schatzsuche (die eigene Übungspraxis im Sinne einer Persönlichkeitsveränderung) fortzusetzen.

Iai kommt aus der Hüfte

Das Wesen des Iaido ist nicht das Kämpfen, sondern das Ziehen des Schwertes. Dies passiert immer vor dem Agieren mit der blanken, also schon gezogenen Klinge, erfährt aber hier nicht nur eine besondere Beachtung, sondern zentrale Bedeutung. Es lohnt sich also, diesen Punkt näher zu betrachten und in möglichst vielen Facetten zu erfahren und zu ergründen.

Schwert (zumindest das Shinken) und Saya (Schwertscheide) sind von Meisterhand aufeinander abgestimmt. Das Schmieden der scharfen Klinge ist ein eigenständiges Handwerk, genau wie das Fertigen der Griffwicklung und des Zierrats, die Politur der Klinge und die Herstellung der Saya. Es wäre daher wünschenswert, wenn auch das Platzieren des Schwertes im Gürtel und das dazugehörende Fixieren durch den Hakama meisterlich erfolgten. Während der 280 cm lange Obi mehrfach um den Körper geschlungen wird und damit ermöglicht, verschiedene Waffen zwischen den einzelnen Wicklungen ohne gegenseitige Reibung zu platzieren, dienen die Himo (Bänder) nicht nur zum Binden des Hakama, sondern auch zum Fixieren der Waffen, so dass diese in der gewünschten Festigkeit und Position (Neigung) an der Hüfte geführt werden können. Falsch gewickelt, wird das Saya-biki, das Zurückführen der Saya, beim Ziehen der Klinge schwierig bis unmöglich und wirkt sich damit auch entscheidend auf die jeweilige Schwertlänge aus, die in korrekter Form gezogen werden kann. Während rechte und linke Hand beim Ziehen des Schwertes zusammenspielen – die linke Hand zieht die Saya links um die Hüfte herum nach hinten, während die rechte Hand den Griff nach vorne zum Gegner schiebt – finden alle Aktionen um die Hüfte herum statt und müssen auch von der idealen

Position der Hüfte unterstützt werden. Iaido ist daher die richtige Position des Körperzentrums, das Zusammenspiel von linker und rechter Hand, die optimale Fixierung der Saya im Gürtel und die Perfektion von Saya und Schwert, um so die Technik des Ziehens zu ermöglichen und zu einem Akt der Erkenntnis werden zu lassen. Basierend auf der individuell idealen Schwertlänge ist es notwendig, die linke Hand – ergänzend zu der Bewegung der rechten Hand in Richtung Kaso Teki – mit der Saya bewusst nach hinten zu ziehen, um so die Kissaki (Klingenspitze) frei zu geben. Daher müsste Iaido eigentlich ‚Kunst, die Saya mit der linken Hand zurückzuziehen' heißen. Ein weiterer Punkt ist, dass man die Aufmerksamkeit nicht beim vermeintlich wichtigen Gegner, sondern bei der beginnend ausgeführten und zurück bzw. um die Hüfte gerichteten Bewegung (und damit bei der linken Hand und der Hüfte) verweilen läst. Der allgegenwärtige Fokus auf die linke Hand hat neben den technischen Gründen auch den Bezug der Nähe zur Hüfte. Entweder schafft die linke Hand durch die aktive und beginnende Arbeit mit der Saya im Gürtel ein Gegengewicht zur einhändigen Technik (z.B. Nukitsuke, Chiburi, Noto) oder sie umfasst das Ende des Schwertgriffes und führt diesen bei senkrechten oder diagonalen Schnitten oder bei Stichen in der Regel bis vor das Körperzentrum (ca. eine Faust unter dem Nabel und ein bis zwei Fäuste davor).

Miyoji Inoue Sensei (8. Dan Iaido Kyoshi), Deshi von Sagawa Sensei, beschrieb Iaido auf dem von ihm geleiteten Sommerlehrgang 2013 im polnischen Czestochowa mit einfachen Worten: *„Iaido ist Hüfte und linke Hand"*. Auf einem anderen Lehrgang formulierte Sagawa Sensei einmal: *„Iaido beginnt da, wo alle Technik endet."*

Erst in diesen kausalen Abhängigkeiten sind wir ausreichend fixiert, um bestimmte Elemente wahrzunehmen, um die Zeichen auf der Schatzkarte zu entdecken, zu verstehen und uns in die richtige Richtung zu bewegen, nämlich nach innen, hin zu unserem Selbst und zur Annahme und Ausprägung der uns innewohnenden, tatsächlichen Persönlichkeit. In Wahrheit ist diese permanent vorhanden und theoretisch verfügbar (z. B. in einer Krise, bei einem Unfall, immer wenn wir ‚über uns hinauswachsen'). Daher ist alle Anstrengung und Entwicklung, die wir unternehmen, nur notwendig, um Zugriff und praktische Verfüg-

barkeit zu erhalten. Das Meisterliche ist uns zueigen, allerdings sind wir aus erklärbaren Gründen Meister darin, unser eigenes Potenzial nicht zu nutzen. Budo ist ein Weg zu dieser Erkenntnis und vermittelt uns praktische Methoden, diese Wahrheit in kleinen Schritten zu überprüfen und zu erfahren, um dann den Entschluss zu fassen, etwas zu verändern. Es gibt keinen Grund (außer den Mühen der Anstrengungen auf dem Weg selbst) und kein Risiko, um diesen Weg nicht zu gehen und von den erprobten Methoden nicht zu profitieren.
Als moderne Menschen wissen wir um die Notwendigkeit von Aufwärmübungen vor der Übungseinheit. Seltsam, dass diese Praxis den alten Meistern scheinbar unbekannt war und es nicht zum traditionellen Bestandteil einer Schwertkampfschule gehört, Kniebeugen oder Hampelmänner zu machen. Sagawa Sensei praktizierte diverse Übungen mit uns vor der Schwertpraxis und gab uns auch die Zeit, auf den Lehrgängen in Deutschland ein eigenes Aufwärmprogramm zu absolvieren. Es war ihm wichtig, dass der Körper gesund und beweglich war, der Mensch fit und wach. Doch während es auf mich so wirkte, dass wir erst nach diesem "Auftakt" ein wenig ruhiger und wie auf die bevorstehende Einheit vorbereitet schienen, wirkte Sagawa Sensei fit und stringent, wenn er nur den Hakama angezogen hatte, die Halle betrat oder zum Schwert griff, um es nach kurzem Angrüßen energisch in den Gürtel zu schieben. Kann es sein, dass er seine Vorbereitung schon beim Anlegen der Kleidung absolvierte und dass diese Vorbereitung das Anlegen selbst war? Er tat dies immer in einer inneren, natürlichen Haltung, seine Hüfte war aufgerichtet und sein ganzer Körper war zugleich locker und gespannt. Ich erinnere mich an seinen wachen und fordernden Blick, während der Hakama gebunden wurde und die Saya im Gürtel verschwand, an sein unmittelbares, energisches Wirken als Vorbild und Meister in diesem Moment. Das perfekte Schwert in der perfekten Saya, fest und sicher fixiert, und am perfekten Körper vereint mit einem präsenten Geist (Ki Ken Tai Ichi).
Die Achtsamkeit von Sagawa Sensei, wenn es um Iai oder Budo ging, bleibt mir nachhaltig am Beispiel einer einfachen Szene präsent, die ich mit ihm nach dem Jahreshauptlehrgang 2001 in Düsseldorf in einem Restaurant erlebt habe. Während alle in den Speisekarten stöberten,

nutzte ich die Tatsache, ihm gegenüber zu sitzen, zu einer Frage. Er war etwas in sich zusammen gesunken und überließ es den anderen, für ihn zu bestellen, ja, er döste ein wenig vor sich hin, als ich ansetzte: „Sensei, shizomon ga arimasu" (Meister, ich habe eine Frage). In diesem Moment erlebte ich die gleiche Präsenz und ausdruckstarke Wirkung, die ich auch aus den Übungen in gegenüberstehender Aufstellung gewohnt war. Sein Oberkörper streckte sich unmittelbar, seine Augen nahmen mich gefangen und er stieß ein klares und aufforderndes „Hai doso" (Ja bitte) heraus. An die Frage erinnere ich mich heute nicht mehr, aber die innere und äußere Haltung von Sagawa Sensei hat sich mir eingeprägt.

Es geht also auch um Achtsamkeit, Haltung und Bewusstsein. Während wir Iaido zuvor als den Moment des Ziehens der Klinge definiert haben, hat Sagawa Sensei schon die Momente des Aufhebens und Einsteckens des Schwertes in besonderer Weise kämpferisch und energisch sein lassen. All diese Bewegungen sind sich sehr ähnlich und betonen die Position des Schwertes an der Hüfte bzw. die Position der Hüfte selbst. Diese wird immer als locker und natürlich beschrieben und beständig korrigiert. Bildet die Ausrichtung der Hüfte nicht die Grundlage für den Sitz des Schwertes, kann dieses nicht adäquat zur Ausführung einer Technik gezogen werden. Die mögliche Wahrnehmung und Bedeutung der Technik geht damit verloren und beschränkt sich auf eine äußere, zumeist unschöne und sinnlose Bewegung. Wer Iaido lernen möchte, sollte sich daher zuerst intensiv mit der eigenen Hüfte beschäftigen.

Der zeitlose Moment vor dem Ziehen

Nach dem Ziehen gibt es viele unterschiedliche Techniken und Bewegungen mit dem Schwert in einer Hand oder in beiden Händen. Manchmal scheint es, dass die Begründer neuer Stilrichtungen durch spektakuläre Szenarien und durch absonderliche und konstruiert wirkende Formen und Erklärungen versucht haben, sich einen eigenen

Ausdruck und letztlich einen Namen zu verschaffen. Sicherlich lässt sich eine Abgrenzung zwischen Schulen und Methoden ziehen, die mehr der realen Anwendung im Kampf dienen, die sich als spezialisierter Stil und in der Verwendung verschiedener Waffen auszeichnen, oder bei denen tatsächlich den Menschen weiterentwickelnde Ideen im Vordergrund stehen – was ja einer realen Anwendung und einem praktischen Nutzen nicht im Wege stehen muss.

Doch Hayashizaki Shigenobu Sensei, der Begründer des Iaido-Gedankens, legte seinen Fokus auf den Moment vor der kämpferischen Aktion und dann auf das gleichzeitige Ziehen und Schneiden mit der Klinge. Der Zeitraum des Kampfes ist klar umrissen: Es geht darum, das Gegenüber im Blick zu haben und dabei bestrebt zu sein, durch die Nutzung des Schwertes den entscheidenden Vorteil zu erlangen. Der Kampf endet mit dem Tod oder dem Aufgeben. Sterben können ein oder alle Kontrahenten aufgrund Ihrer Verwundungen, aufgeben wird wahrscheinlich immer nur einer, und auch das könnte oft ebenso zu seinem Tode geführt haben. So ist das Ende des realen Kampfes noch klarer zu benennen (lassen wir die psychischen Folgen und die Metaebene, in der ein Kampf schnell zum Auslöser eines anderen Kampfes wird, einmal beiseite). Doch der Moment vor dem Kampf zieht sich ins Endlose und mag ein ganzes Leben dauern. Der Kunstgriff im Iaido liegt also darin, im alltäglichen Leben beständig auf den Kampf vorbereitet zu sein. Auch dies ist ein Indiz dafür, dass es zumindest von der Wirkungsweise eher um eine persönlichkeitsentwickelnde Auseinandersetzung mit bestimmten Inhalten geht, als um die Kampfsituation selbst. Dies ist auch der Kern des Budo. Den Kampf zu beenden, ist relativ einfach und keine spirituelle Kunst. Man tötet den Gegner oder zwingt ihn zur Aufgabe (Bu / Jutsu). Den Kampf erst gar nicht entstehen zu lassen, verlangt hingegen eine gewisse Kunstfertigkeit und intensive Vorbereitung (Do).

Auch hier liegt es auf der Hand, dass eine kampf- und technikorientierte Betrachtung (Kampfkunst-Systeme) dem wahren Wert der Budo-Künste nicht gerecht wird. Besser, schneller und stärker kämpfen zu können, geschicktere und komplexere Techniken als der Gegner zu beherrschen, unterschiedliche hochentwickelte Waffen zu nutzen,

verschiedene Angriffs-, Abwehr-, Ausweich- oder Hebeltechniken usw. begründen zwar die Vielzahl der in sich unterschiedlichen Budo-Künste, nicht aber die Qualität des Do und der persönlichen Entwicklung. Schließlich zielen all die kämpferischen Aspekte (und damit der Großteil der Übungspraxis) immer auf das eine Ziel, den Kampf gewinnen zu müssen, um ihn zu beenden. Deeskalationstechniken oder Konfliktlösungen sind daher nicht die Themen, die uns beim Begriff Budo direkt in den Sinn kommen. Erst idealisierte Zeremonien und spirituelle Ausrichtungen erweitern die Betrachtungen im Budo schließlich auf eine Ebene der Selbstaufgabe im Rahmen eines höheren Zieles.
Zumindest im Iaido geht es um die permanente Übung, eine bestimmte Situation (Ziehen der Klinge = reale Kampfhandlung) ganz gezielt nicht eintreten zu lassen. Das Schwert befindet sich im Gürtel an der Hüfte. Und eigentlich sollte das Üben daraus bestehen, wie ein „Kampfverhinderer" in voller Montur im Dojo zu agieren und das Schwert nicht zu ziehen. Das alleine würde wohl nicht zu einer Schar von Schülern führen und somit den Meister nicht ernähren. Es wäre als begrenztes Konzept nur schwer zu vermitteln und nicht geeignet für die Zielgruppe einer erfahrenen und praxisorientierten Kriegerkaste.
Daher steht heute noch für den Anfänger und die Öffentlichkeit der durchaus militärisch wirkende Eindruck des Budo im Vordergrund. Einheitliche Kleidung, in der Reihe ausgeführtes Grundlagentraining auf Kommando, technische Verfeinerung von Bewegungen, Körperübungen, welche Ausdauer, Kraft, Schnelligkeit und schließlich perfekte Körperbeherrschung erkennen lassen – dies alles ist der Einstieg, das Programm für die Masse (leicht zu identifizieren, da Auswüchse solcher Übungssituationen nur in militärischen Zeiten zur Ausbildung von Rekruten und nach dem zweiten Weltkrieg mit der Öffnung für Ausländer üblich waren), die Grundlage für die Entwicklung der Körperlichkeit (in der Kindheit) und damit die Vorbereitung für das eigentliche, traditionelle Budo und eine Möglichkeit zur Auslese der potentiellen Jünger.

Die Übertragung durch den Meister

Traditionelles Budo wird vom Vater an den Sohn oder vom Meister an den Jünger weitergegeben. Dabei ist die Suche nach einem geeigneten Jünger grundlegend für die Sinnhaftigkeit der Unterweisungen des Meisters. Schließlich möchte ich als Lehrer der Sprachwissenschaften keine Analphabeten in meinen Kursen haben, sondern Studierende mit den benötigten Vorkenntnissen, Eignungen und Absichten. Daher sind die bereits thematisierten allgemeinen und körperlichen Grundlagen Indikatoren für die Befähigung des Übenden, innere Schwerpunkte zu legen, Nuancen in der Unterweisung aufzugreifen und umzusetzen, um den Gedankengängen und persönlichen Themen des Meisters folgen zu können – oder halt eben nicht. Schließlich dreht sich der Unterricht in der Methode der Imitation von Bewegungen und Verhalten des Meisters erstmals um die Fähigkeiten der Beobachtung, der Wahrnehmung und der Nachahmung. Dabei wird nicht der Meister selbst zum Ziel der Aktionen des Jüngers, sondern seine meisterlichen Aspekte, die er erkennt, prüft und sich aneignet. Der Jünger soll ja nicht zu der Persönlichkeit des Meisters reifen, sondern zu seiner eigenen, um so bestenfalls selbst zum Meister zu werden. Die persönliche Nähe und Orientierung ist notwendig, damit der Jünger von den Erfahrungen und Erkenntnissen des Meisters profitieren kann, ohne die gleichen Erlebnisse (z. B. Kriegs- oder Kampferfahrungen, asketische Übungen oder traditionelle Unterweisungen seiner Meister) in gleicher Intensität (Beispielhaftigkeit und Dauer) durchlebt haben zu müssen. Diese Prozesse der Weitergabe von Erfahrungen funktionieren nur dann in Gänze und ohne schädliche Reibung, wenn der Meister einen Geeigneten aus der Schar der Schüler zum Jünger wählt.

In einer mit Bedacht erstellten Schatzkarte sind für den ungeschickten Betrachter keine besonderen Hinweise zu finden, ggf. ist die Karte überhaupt nicht als solche zu erkennen. Schließlich ist es ja nicht das Ziel einer Schatzkarte, dass ein Jeder auf den richtigen Weg gebracht wird. Vielmehr soll die Karte dazu dienen, wertvolle Informationen und vor allem den Schatz selbst zu verstecken und nur dem besonders vielversprechenden Adepten bei seiner Suche zu helfen. So ist es auch die Aufgabe des Meisters, die Inhalte seiner Kunst zu erhalten und sie nur denjenigen zur Verfügung zu stellen, die würdig und fähig sind, damit etwas Gescheites anzufangen. Zwar können wir davon ausgehen, dass eine Persönlichkeitsentwicklung grundsätzlich als positiv zu bewerten ist, die Ausbildung im Budo geschieht jedoch über die Körperarbeit auf dem Weg des Kriegers (ursprüngliche Zielgruppe) und bedeutet die reale Befähigung zu kämpfen, die intensive Beschäftigung mit Leben und Tod, die Überwindung eigener Ängste und Hemmungen und die Auseinandersetzung mit der eigenen Identität, mit dem Selbst. All dies im Kontext kriegerischer Aktivitäten, hierarchischen Strukturen und einer bewusstseinsverändernden Praxis. Da sehe ich schon den Meister in der Pflicht, eine Auswahl zu treffen und die Verantwortung nicht nur für die Qualität der Inhalte und der Ausbildung zu übernehmen, sondern auch nach bestem Wissen und Gewissen über die unbedingte Eignung der Übenden zu entscheiden.

So hätte in früherer Zeit der Meister den Anfänger nach einer ersten Prüfung vielleicht an einen Handwerker oder Händler weiterempfohlen, wenn denn das körperliche und geistige Talent zum Budo für ihn nicht erkennbar war. Nur wer den wahren Wert einer Schatzkarte erkennt, wer die äußeren Zeichen lesen kann und den Zusammenhang ihrer Bedeutung ahnt, wird nicht scheuen, Zeit und Mühe zu investieren, um schließlich fündig zu werden. Und nur, wer die Grundausbildung absolviert, wer einen Meister gefunden hat und zumindest in der äußeren Bewegung diesem Meister auch folgen kann, erfährt und versteht vielleicht – Schritt für Schritt – die tiefe und individuelle Wirkung, die Budo für uns durch die Person des Meisters und in der Weitergabe der erfahrenen Lehre bereit hält.

Daher ist es die erste Aufgabe des Übenden, einen Meister zu finden und ihm zu folgen, während der Meister die Schar der Willigen gemäß deren Fähigkeiten und ihrer Bereitschaft durchaus differenziert fördert.

Wer darauf hofft, einen Schatz für sich allein zu finden, der dürfte zumindest im Budo enttäuscht werden. Budo ist in Japan von erfahrenen und zielorientierten Menschen als optimiertes Werkzeug innerhalb der

damaligen Gesellschaft geschaffen und entwickelt worden. Nicht für Autodidakten, sondern für Teamplayer (Sensei : Deshi) im Kontext der japanischen Denkweise, Lebenssituation und der daraus folgenden Erziehung. Selbst unter idealen, erfahrungsintensiven Bedingungen benötigen wir wahrscheinlich eine Vielzahl von Lebensaltern, um ganz alleine entscheidende Erkenntnisse zu erlangen. Alleine ausgesetzt auf einer unbewohnten Insel sind die Überlebenschancen gering; mit anderen zusammen wird es einfacher und man kann von den unterschiedlichen Fähigkeiten und Erfahrungen der Gruppe profitieren: Vor Ort bereits diverse Voraussetzungen anzutreffen, die das Leben erleichtern, gibt direkte Sicherheit und Nahrung. Wir können also in einer langen Überlieferungslinie von der bereits entwickelten Schwertarbeit, den etablierten Rahmenbedingungen (Dojo) und den Erfahrungen verschiedener Meister profitieren, wenn wir es nur schaffen, uns darauf einzulassen und daran teilzuhaben.
Alles in der Natur und auch im Wirken der Menschen benötigt eigene (zumeist langfristige) Zeiteinheiten und unzählige Versuche. Alles was wir heute können und wissen, ist über Generationen entwickelt worden und so das Ergebnis einer beständigen Auslese und Wertschöpfung. Nur im Team, in der Summe zielgerichteter Erfahrungen kann es gelingen, frühzeitig Qualitäten zu erkennen und für den Einzelnen unmittelbar zugänglich zu machen. Es müssen also viele Bedingungen zusammen kommen, damit Budo in seiner Ganzheit, Vielfalt und Klarheit von einer Generation in die nächste gegeben werden kann. Daher liegt der zentrale Punkt in der Abhängigkeit von den Dimensionen der Zeitlichkeit, in der Existenz und Verfügbarkeit eines Meisters.
Im Vergleich mit der Situation vor wenigen Jahrhunderten in Japan haben wir heute ganz andere Möglichkeiten, auf Informationen zuzugreifen und von vermeintlichen Erfahrungen zu profitieren. Und doch scheint es nicht mehr Meister – oder sagen wir, mehr glückliche oder zufriedene Menschen – auf unserem Planeten zu geben, als vielleicht zu anderen Zeiten. Informationen und oberflächliche Erfahrungen sind wie Gold oder Geld – man kann sie nicht essen und auch nicht innerlich durch sie wachsen. Erst ihr geschickter Einsatz kann einen Menschen satt und glücklich machen, reifen lassen. Diese Geschicklichkeit

in unser Verhalten zu integrieren kann und muss daher eines der vornehmen Ziele im Budo sein.
Im Buddhismus geht es im ersten Schritt darum, Leid zu vermeiden. Im Budo arbeiten wir nicht ohne Grund nach dem gleichen Prinzip und machen daher gezielte Erfahrungen (z. B. des Kämpfens, der Auseinandersetzung, der Konfrontation mit eigenen Gefühlen oder Schwächen, usw.) im Sicherheitsraum des Dojo, kontrolliert, fast experimentell (wie in einem Labor) und in der Folge nicht mehr leiderzeugend in der Welt außerhalb. Das sich unmittelbar einstellende Ergebnis sind jene Ruhe und Ausgeglichenheit, die wir nach der Übungsstunde regelmäßig erfahren. In diesem Zustand sind wir positiv gestimmt, kreativ und aktiv. Diese Erfahrung stärkt unsere Grundannahme, dass die Beschäftigung mit Budo unter idealen Bedingungen die Möglichkeit der persönlichen Meisterschaft (Entwicklung) bietet. Dass die Budo-Inhalte, die Dojo-Atmosphäre und die Orientierung an einem Meister ideale Bedingungen schaffen und es dann vom einzelnen Übenden abhängt, diese zu nutzen, ist unmittelbar verständlich. Doch den genauen Weg, wie dies – quasi als Versuchsanordnung – funktioniert, wie die Bedingungen im Dojo ganz konkret und sicher noch effizienter genutzt werden und die eigene Aktivität durch uns selbst begleitet, ja, positiv überwacht und gefördert werden kann, das ist oft unklar oder gar nicht im Fokus. Der Prozess unserer zielgerichteten Entwicklung gerät ins Stocken, wenn die inhaltliche Auseinandersetzung mit der Teilnahme an der Übungsstunde oder auf einem Lehrgang, mit Anwesenheit schlechthin, ausgeschöpft ist.
Der Budo-Prozess muss für uns persönlich nachvollziehbar und spürbar sein. Schließlich sind wir auch in der Orientierung an den überlieferten Methoden selbstverantwortlich und folgen unseren eigenen Motiven. Wir müssen die Methodik und Wirkungsweise des Budo daher gleichsam erfahren, verstehen und kontrollieren, ohne uns dadurch selbst zu blockieren und persönliches Leid zu erzeugen. Früher hat es ausgereicht, wenn sich der Krieger durch die Budo-Praxis im Dojo ‚abarbeiten' und auf Technik, Hierarchie und Etikette fokussieren konnte. Er konnte ein anderes Verhalten üben und die darin liegende persönliche Stärke erfahren. Heute ist diese Stärke kaum erfahrbar, da es zumeist

an der kriegerischen Aktivität fehlt und dafür die Fokussierung von Form und Formalisierung zu stark ist. Statt Kontrolle der körperlichen Kampfkraft geht es eher um eine gezielte Wahrnehmung unserer Körperlichkeit und um die Feinjustierung unserer Ausrichtung und Haltung. Diese Art der Auseinandersetzung ist auf unterschiedliche Weise schwierig. Die gleichen Methoden und Übungen, die damals einem groben Zweck dienten, funktionieren heute viel weitreichender und unterschwelliger, sie zielen nicht mehr auf äußeres Verhalten, sondern nun ganz bewusst auf innere Veränderung ab, weil wir in der Lage sind, einen vielschichtigen Blick und differenzierte Erwartungen an das Budo heranzutragen. Während das Schwert der Samurai noch einem tatsächlichen Zweck diente und dieser bis in die Lebenszeit von Sagawa Sensei durchaus Bestand hatte, nutzen wir das Schwert heute zur äußerlich gleichen Bewegung und Technik, inhaltlich aber auf einem ganz anderen Niveau. Dabei profitieren wir von den persönlichen Erlebnissen unserer Lehrer, müssen aber verstehen, dass wir nicht in gleicher Form eigene Erfahrungen mitbringen. Die Methode der Imitation, des gleichzeitigen Agierens in einander zugewandter Position, erlaubt ohne didaktische Unterweisung die Gleichschaltung der Wahrnehmung zwischen ‚Sender' und ‚Empfänger'. Der Jünger gleitet in der Ausführung der Bewegungen auf der Emotion des Meisters und erhält – von Herz-Geist zu Herz-Geist (Ishin Denshin) – Zugang zu dessen Erkenntnis. Die Übertragung erfolgt unmittelbar und tiefgreifend, unleugbar und überpersonal. Im Buddhismus formuliert man, „im Antlitz Buddhas Erleuchtung finden".
Obwohl Sagawa Sensei in Deutschland über zwanzig Jahre auf hohem Niveau und mit genialen Methoden unterrichtet hat und ich selbst darüber hinaus mehrfach und intensiv an den Unterweisungen in seinem Dojo in Tokyo teilhaben konnte, sind sein Wirken und seine Erfahrung erst im Laufe der Zeit für mich tatsächlich fruchtbar und tragend geworden. Heute profitiere ich von vielen Kleinigkeiten, die gar nicht im Sinne einer Belehrung oder Unterweisung ausgeführt und gezeigt wurden. Neben seinem technischen Können war es vor allem die Persönlichkeit von Sagawa Sensei, die in vielschichtiger Art Hinweise zur Entdeckung von Qualitäten im Budo lieferte. Sein ernsthafter, auf-

merksamer und oft strenger Umgang mit vermeintlichen Nebensächlichkeiten schärft auch heute meine Sinne und mahnt mich, nicht in der Suche nachzulassen. So wichtig wie die Karte bei der Suche nach dem versteckten Schatz, ist das Wirken der Meister in der Beschäftigung mit Budo.
Im nächsten Kapitel möchte ich exemplarisch die Dichte einer spezifischen Situation beschreiben, um zu verdeutlichen, dass eine bestimmte Sichtweise, wie der bewusste Umgang mit bereits durchaus bekannten Abläufen zu einer grundlegenden Veränderung führen.

Zurück zu den Grundlagen

Die Kleidung und vor allem der Hakama von Sagawa Sensei waren immer perfekt. Ich erinnere mich nicht daran, dass er im Laufe des Übens irgendetwas an seiner Form und Passgenauigkeit verbessern oder korrigieren musste. Wie zuvor beschrieben, war das Einstecken des Schwertes für ihn Bestandteil seiner Übung und auch das Anlegen und Binden der Kleidung erfolgten mit gleicher Aufmerksamkeit und zielgerichtet. Ideale Rahmenbedingungen (hier das sinnhafte Binden des Hakama) erlauben eine gezielte Wahrnehmung der Homogenität im Zusammenspiel von Hüfte, Hakama, Obi und Katana. Im perfekten Miteinander bleibt jede der Komponenten doch zu 100 Prozent frei und unabhängig. Die Saya gleitet, unterstützt von den Bändern des Hakama, ungehindert und optimal durch den Gürtel. Die Bänder werden dabei nicht in ihrer Aufgabe gehindert, den Hosenrock in der korrekten Position um die Hüfte zu halten. Die Hüfte bleibt voll beweglich und findet ihren Ausdruck in der Position des Schwertgriffs, der als Verlängerung ihrer eigenen Wirkung aus der Saya im Gürtel ragt und zur gleichen Zeit – zum Ziehen der Klinge bereit – drohend dem Gegenüber eindeutige Signale sendet. Der Obi hält das Schwert an der Seite und verteilt dessen Gewicht rund um die Hüfte, die auf horizontaler Ebene mehrfach umwickelt für den Übenden zentral spürbar wird.

Ohne Obi hält das Schwert nicht an der Hüfte. Ohne Hakama-Bänder bleibt das Schwert nicht in der idealen Position. Ohne Hüfte gibt es keine Bewegung, keinen Ausdruck, keine Energie. Ohne Schwert fehlt es an der Fokussierung der Energie aus der Hüfte in Richtung des Gegners. Erst im Team entsteht die Qualität der Einzelkomponenten. Und erst im Zusammenspiel von drei perfekten Materialien (Obi, Hakama, Katana) wird die Qualität der Hüftposition zum ausschlaggebenden Kriterium. Eine Verbesserung ist nur über die Veränderung der Hüfte möglich – soweit, durch Anleitung und Korrektur des Meisters, Kleidung und Schwert zuvor in optimaler Weise abgestimmt und gebunden sind. Diese Arbeit an der Hüfte ist der entscheidende Umstand, der uns im Budo auf uns selbst zurückwirft. Je feinfühliger und stimmiger die Hüfte als Grundlage des eigenen Ausdrucks verwendet wird, umso intensiver kann der Austausch mit der geistigen Ebene des Übenden erfolgen.
Einheit und Bewusstsein basieren auf der optimalen Hüfte. Irgendwie ergibt der Satz so noch keinen Sinn. Wir müssen erst erkennen, dass der Begriff ‚Hüfte' uns an die Körperlichkeit bindet und diese aber nur die Methode und Vorgehensweise beschreibt, wie Budo funktioniert. In der Beschäftigung mit der optimalen Hüftposition und dem genialen Zusammenspiel mit Hakama, Obi und Katana reift ein Bewusstsein für das Hüftzentrum und die Energie, die sich dort (kon)zentriert findet. Daher geht es beim Anlegen und Binden des Obi, beim Fixieren und Wickeln des Hakama, beim Einstecken und Justieren des Schwertes und damit dem Unter-Spannung-Setzen der zuvor angelegten beiden Kleidungsstücke (dies im Zusammenspiel mit dem Atem und der Grundspannung des Übenden), beim Stehen und Gehen mit dem Schwert an der Hüfte, schließlich beim Ziehen der Klinge und dem zeitgleichen Zurückführen der Saya um die Hüfte und ebenso beim folgenden Agieren mit dem Schwert entsprechend der festgelegten Formen (Kata) allein um das Bewusstsein des Hara, um die Erfahrung der Energie im Hüftzentrum, womit der Grundstein für die Entwicklung des Selbst gelegt werden kann.
Dabei darf die Position der Hüfte nicht nur im Sinne von Geradheit betrachtet werden. ‚Haltung' im Budo meint die Position von Hüfte,

Oberkörper, Schultern und Kopf zueinander. In allen Lebenslagen und persönlichkeitsbildenden Systemen ist die Haltung von zentraler Bedeutung, so natürlich auch im Budo. Ein besonderer Vorteil im Budo ist jedoch die Existenz von gehaltvollen Körperübungen und intensiven Wahrnehmungskontexten aufgrund der sich symbolisch erschließenden und zugleich leicht nachvollziehbaren Kampf- und Schwertbezogenheit. Doch dies wirkt nur dann im Sinne einer erfahrbaren Qualität, wenn die körperlichen Aspekte auch in einer zusätzlichen Entsprechung verstanden werden. Aufrechte Haltung bedeutet nicht, sich steif oder winkelausgerichtet ‚gerade' auszurichten, sondern in sich schlüssig und stabil, mit dem Umfeld stimmig und innerlich intensiv wahrnehmbar zu sein. Haltung, besonders die innere, muss für uns spürbar werden, damit eine Wirkung auf unser Selbst entstehen kann. Erst in diesem Bewusstsein üben wir Budo mit persönlichkeitsveränderndem Charakter.

Diese Zusammenhänge gehen aber im Bestreben nach korrekter Form und Technik schnell verloren. Wie immer: Wer kämpft oder kämpferisch denkt, kann zwar einen Kampf gewinnen, lernt aber nicht das Wesentliche des Budo kennen. Haltung meint innere Haltung, jene Ausrichtung, die inneren Qualitäten entspricht und zwischen Hara und Scheitel existiert. Zu oft orientieren wir uns jedoch allein an der (äußerlich erkennbaren) Wirbelsäule oder der gesamten Körperlichkeit, die Füße und Beine mit einschließt. Sowohl die Wirbelsäule, Füße und Beine sind wichtig für unsere Standfestigkeit und Beweglichkeit, doch diese Extremitäten tangieren die Persönlichkeitsentwicklung im Budo nur peripher. So, wie geistige Beweglichkeit und Flexibilität entscheidender sind als körperliche Fitness, Schnelligkeit oder Reaktionsvermögen, so sind auch die geistige oder persönliche Standfestigkeit und Entschiedenheit wesentlich interessanter, als äußere Stabilität.

Das Ziel einer ausgerichteten inneren Haltung ist die permanente Interaktion, die zwischen energetischem Hüftzentrum (Hara) und geistigem Zentrum (unterhalb des Scheitelpunktes oder ca. 4 Finger hinter dem Haaransatz der Stirn) stattfindet. Dabei spielt es keine Rolle, ob wir gerade sitzen, knien, stehen, gehen oder laufen. Wir sollten unsere Haltung auch in der Bewegung nicht verlieren. Die Verbindung zwischen diesen beiden Punkten in unserem Körper bedeutet Einheit, volles Bewusstsein, Insichruhen, oder wie auch immer diese Qualität für uns interessant beschrieben wird – hier ist ein das Selbst verändernder Erfahrungsschatz für uns verborgen und hier existiert unser Ki (Energie).

Wenn wir darin übereinstimmen, dass diese und vergleichbare Qualitäten wichtig sind und den Reiz an der langjährigen Ausübung der Budo-Disziplinen ausmachen, muss es gezielte Übungen dafür geben. Es bedarf Übungen und Methoden, um diese Qualitäten zu entwickeln und zu spüren. Im Gegensatz zu sportlich ausgerichteten Methoden oder Disziplinen müsste sich Budo permanent durch solche Übungen und Sinnzusammenhänge deutlich erkennbar abgrenzen, denn selbst in der Symbolik des Kampfes gibt es keinen stärkeren Trumpf, als in der eigenen Mitte zu ruhen und in vollem Bewusstsein Herr über das eigene Potenzial zu sein. Wer also zu kämpfen übt und dabei lernt, dass er sich selbst üben muss, beginnt die im Budo überlieferte Auseinandersetzung mit dem Selbst die dem persönlichen Austausch zwischen Sensei und Deshi vorbehalten ist.

Das, was wir über die Methodik im Budo freilegen können, definiert sich nicht über Vorstellungen unserer Selbstreflexionen. Daher unterliegen wir auch schnell dem Trugschluss, wir wüssten, was wir im Prozess der Persönlichkeitsbildung und -entwicklung erreichen wollen. Wir glauben ja auch der oder das zu sein, was wir in unserem Selbstbild zu sein in Anspruch nehmen. Hier sind Erfahrung und Klarheit nötig, denn es ist viel spannender herauszufinden, wer oder was wir tatsächlich sind und wie wir Zugang zu diesem ‚Sein' oder ‚Selbst' bekommen. Schließlich ist – so betrachtet – unser Leben eine Reise zu uns selbst.

Wir können uns auf diese Reise vielleicht mit der Figur vergleichen, die der erfahrende Bildhauer aus einem Steinblock zu schaffen vermag und die dem Gestein innewohnt, ohne dass sie dies selbst ahnen, geschweige denn wissen könnte. Erst durch die grobe Bearbeitung und den feinen Schliff entsteht ein erkennbarer Ausdruck, der nun auf alles Umliegende wirken kann. Weder ist es intellektuelles Wissen noch ein instinktives Verständnis, weder sind es kognitive Fähigkeiten noch die

teils plumpe Erkenntnis, die im alltäglichen Alterungs- und Reifeprozess liegen. Budo vermag mehr und Konkreteres in uns freizulegen und uns selbst verfügbar zu machen. Dieser Prozess ist wichtig und entscheidend (z. B kampfentscheidend). Er hat erfahrende Meister bewogen, die Konzepte und Methoden dessen, was heute für uns Budo ist, auszuprobieren und zu entwickeln. Diese innere Qualität – als das, was (oder wie) wir sein können – ist in höchstem Masse interessant und bereichernd, erzeugt sie doch Klarheit, Bewusstsein und Einssein, weil alles, was im Beispiel des Steinmetzes nicht zu der Figur gehört, entfernt wurde und so nicht mehr behindert, verklärt, belastet oder entfremdet. Wir können dies daher auch den Grad an Freiheit nennen, den es zu erreichen gilt.
Ein hoher verfügbarer Zugriff auf ein bescheidenes (normales) Potenzial scheint hier mehr Wert zu haben, als ein gewaltiges, formalisiert-antrainiertes Potential ohne den notwendigen umfangreichen Zugriff darauf. Muskelmasse ohne Wahrnehmung, Entschlussfähigkeit und zielgerichtete Steuerung überzeugt nicht. Gleiches gilt für eine übertriebene Technikvielfalt, Durchschlagskraft, komplexen Waffeneinsatz usw.. Erzählen uns die Geschichten und Parabeln im Budo nicht von einer Unabhängigkeit von körperlicher Leistungsfähigkeit? Sind die alten Meister nicht beeindruckender in ihrem Handeln als die austrainierten Kämpfer in der Blüte ihrer Jahre? Wenn wir die Qualität im Budo als höchstes Gut der Ausbildung sehen, dann sollte diese auch im Fokus jeder Übung stehen und konsequent entwickelt werden.
So geht es beim Iaido nicht um das Kämpfen und ebenso wenig um das Nichtkämpfen. All die Techniken mit dem Schwert verblassen im Fokus auf die linke Hand, die an der Hüfte und in ihrer Nähe arbeitet. Der Gegner ist imaginär und erlaubt den Blick auf das Eigene / Innere. Die Formen sind leer und die Haltungen steif, wenn in der Übung durch innere Auseinandersetzung nicht Inhalte und Balancen entwickelt werden. Die Konfrontation in der Situation hat die Erfahrung des Selbst zum Ziel. Der Übende findet den Meister, dieser erkennt den Jünger, welcher das Meisterliche annimmt und nun eine neue Sicht auf die Dinge hat. Das erfahrene und entwickelte Selbst ist unangreifbar und unzerstörbar, es zeigt keine Schwächen und ist nicht verhaftet.

Trotz seiner irdischen, körperlichen Existenz erlangt der Übende Freiheit und Freude. Ausgehend von diesen Gedanken lässt sich mit Anleitung, Aufmerksamkeit und Ausdauer der Schatz des Budo finden und letztlich auch im Alltag umsetzen.

Vertiefende Literatur

Miyamoto Musashi: „Gorin-no-sho“ [Das Buch der fünf Ringe], Nikol Verlags-GmbH, 2008

Yagyu Munenori: „Der Weg des Samurai“, Piper; 6. Aufl., 2004

Takuan Soho: „Das Tor zur heiteren Gelassenheit“, Angkor; 2007

Im Westen was Neues: Wie Modernisierung Werte vernichtet

Wolters, Jörg-Michael

Budo als traditionelle Weg-Schulung ist hier - im modernen Westen - unverstanden. Von „Budo-Sport" ist zum Beispiel oft die Rede (was aber inhaltlich völlig unsinnig ist), dann aber reiner asiatischer Kampfsport oder gar Selbstverteidigung gemeint. Dadurch wird das innere Wesen des Budo als verdrängt, absichtlich (aus Bequemlichkeit oder ökonomischen Motiven) oder auch aus Unwissenheit, vielleicht auch bei allem guten Willen missverstanden und verkannt, und dabei dem nur Äußeren von Leistungsdenken und Wettkampf-Konkurrenz des Sports für die Masse geopfert.

Das gleiche Schicksal der Kastration und „Pervertierung" des Originals zur Farce hat die Yoga -Lehre getroffen. Jedermann kennt Yoga – oder meint es zu kennen. Aber statt jahrhundertealter spiritueller Praxis der klassischen indischen Philosophie der „Vereinigung" oder auch „Integration" von Körper und Geist sowie „Einswerden" von Selbst und Gott wird im Zuge von Fitness- und Wellness-Trends zur bloßen Gymnastik reduziert. Um das originäre Wesen und die traditionellen Wurzeln beraubt wird in „Poweryoga" (Bauch-Beine-Po-Programm) oder „Yogilates" (Training zur Körperstraffung) in Fitnessstudios oder Volkshochschulkursen Pseudo-Yoga angeboten (und profitabel vermarktet).

„Yoga-Mode" boomt, „Yoga für Hunde" und selbst die „Yoga-Olympiade" (bei der Yoga als eine anerkannte „Sportart" auch an olympischen Spielen teilnehmen soll) setzen den Irrungen und Wirrungen zeitgemäßer Verunstaltung ursprünglicher, wertvoller asiatischer Kulturgüter die Krone auf. In einer Vermengung mit neumodischen esoterischen Ideen, westlicher Gesundheitstheorie, Alltagsweisheit im Sinne des New Age und verbreiteter „Hausfrauenpsychologie" wird aus der seit Ewigkeiten bewährten und gelebten komplexen Lehre und

Praxis hinduistischer Spiritualität und Religiosität moderner Fast-Move-Kult: schnell, einfach und für jedermann.
Die klassischen indischen Yoga-Wege des Raja-Yoga („Weg der Entwicklung und Beherrschung des Geistes" in acht Stufen von Enthaltungen, Verhaltensregeln, Körperstellungen, Atmung, Zurückziehen der Sinne von der Außenwelt, Konzentration auf nur einen Gedanken, Meditation und Erleuchtung), des Karma-Yoga („Pfad der guten Werke", Gelassenheit und Verzicht auf alles Verlangen), Jnana-Yoga („Weg des Wissens" und der Weisheit durch Unterweisung seines Lehrmeisters, Reflexion und Meditation) oder Bhakti-Yoga („Weg der liebenden Hingabe an Gott") sind theoretische und praktische Lehren intensiver Arbeit am Selbst zur Selbstvervollkommnung und Erlösung von Leid und Wiedergeburt. Sie verfolgen einen ganzheitlichen Ansatz, Körper, Seele und Geist in Einklang zu bringen und nutzen Übungen der Kontrolle des Atems (Pranayama) und des Körpers (Asanas) sowie der Konzentration und Meditation (Dhjana).
Heute ist vor allem das („nur") körperorientierte Hatha-Yoga bekannt und verbreitet, das Körperstellungen wie z.B. Kopfstand, Schulterstand, „Baum" „Hund", „Pflug" oder den „Lotus-Sitz" betont und leicht mit westlicher Gymnastik zu verbinden (oder laienhaft auch zu verwechseln), auf jeden Fall zu reduzieren auf das bloße Strecken, Dehnen und Kräftigen des Körpers ist. Deren gesundheitsfördernde Wirkung soll hier nicht bestritten werden – allein der Umstand des Vernachlässigens oder Ausblendens der ursprünglichen Intention vorrangiger Geist- und Bewusstseinsschulung (Innen) zugunsten bloßer Fitness (Außen) kritisch festgehalten sein.
Statt individueller, persönlicher Unterweisung eines Schülers in spirituellen Weisheitslehren durch einen erfahrenen (lebensalten) Weg-Lehrer heiligen Wissens, einen „Guru" (Nachfahren frühzeitlicher „Seher"), erhält heute der zahlende Teilnehmer eines 4-Wochen-Kurses an der VHS oder im Studio um die Ecke von einem an wenigen Nachmittagen zum „Diplom-Yoga-Lehrer" im Selbstverfahren „ausgebildeten" Fitnesstrainer an- und entspannende Übungsanleitungen für Dehnungen zur Verbesserung seiner Kraft und Figur oder (zuweilen auch krankenkassengefördert) Linderung seiner Rückenschmerzen.

Ja, es gibt auch ein paar seriöse, an traditionellem Wissen partizipierende Yoga-Zentren, -Schulen und -Ausbildungen, um die sich sicher der Berufsverband der Yogalehrenden in Deutschland (BDY e.V.) bemüht – „echte" Yogis und Gurus sind hingegen die seltene Ausnahme. Ihr viel anstrengenderer und langwierigerer Weg ist auch nichts für Jeden und Jede. Viele, die Masse der Meisten eben wollen lieber was anderes, etwas, das ohne Aufwand intensiver Auseinandersetzung mit sich selbst, dem Sein und dem Leben und womöglich das eigene Leben gar beeinflussende Aufgaben im Alltags genauso heißt, schick ist und wohl funktioniert.
„Schulung" und „Arbeit" passen nicht in die schnelllebige Konsumgesellschaft. So macht man lieber Volkshochschulyoga als das Wahre...
Aber nicht nur dem Budo und Yoga als traditionelle Weisheitslehren, Lebensweg und Persönlichkeitsschulungen geht es so, auch Tai Chi Chuan („Faust des Allerhöchsten") als ursprüngliche chinesische Form „innerer Kampfkunst" (Neiija) wird heute mehr als eine gymnastische Bewegungsform oder moderne (Volks-)Sportart aufgefasst und praktiziert. Einzelbewegungen (auch mit Schwert), Stand- und Atemübungen sowie Partnerübungen und Standmeditation in klar beschriebenen, stiltypischen Abläufen (Formen bzw. „Bildern") werden in weichen und fließend ineinander übergehenden Bewegungsfolgen eigentlich mit dem Ziel ausgeführt, die Energie, das „Qi"/„Ch'i" fließen oder zirkulieren zu lassen und im Inneren zu formen und zu erhalten.
Die großen Familienstile „Chen", „Yang", „Wu", „Hao" und „Sun" wurden als Geheim- und Weisheitslehren als „inneres" Kampfkunstkonzept (im Unterschied zur „harten" / „äußeren" Schule des Shaolin Kung Fu) „esoterischen Boxens" weitergegeben und gepflegt. In ihnen wird Energie nicht aus bloßer Körperkraft sondern Harmonie von Bewegung (Körper) und mentaler Lenkung (Geist) entwickelt und eingesetzt. Wie im japanischen Budo auch dient Tai Chi aber ebenso der Ausbildung der Persönlichkeit und Schulung des Charakters der Schüler und nicht in aller erster Linie nur der Kultivierung einer reinen Kampftechnik.
Tai Chi ist als darüber hinaus als eine Bewegungsmeditation eng mit dem philosophischen Daoismus verbunden und findet im Qigong („Arbeit mit Qi") als traditionelle heilgymnastische Übung zur Stärkung und

Harmonisierung des „Qi“ im menschlichen Körper Anwendung, die auch im Kontext der traditionellen chinesischen Medizin (TCM) als Energiearbeit mit den Kräften des Yin und Yang auch im spirituellen Sinne therapeutische Bedeutung gewonnen hat.
Allerdings hat sich auch Tai Chi im Westen vom ursprünglichen Wesen und Anspruch in Theorie und Praxis seiner esoterischen Lehre entfernt, in dem es allenfalls nach sportmedizinischer Sichtweise in Bezug auf seine muskelspannungsregulierende und psycho-entspannende Wirkung noch „ernsthaft“ (mit Blick auf das Potential tatsächlicher Wirkungsweise) erforscht wird – im Grunde aber überwiegend ebenso sinnentleert, im wahrsten Sinne also nur noch „Geist-los“ wie das VHS-Yoga als exotisches Programm in modernen Fitness- und Sportcentern angeboten. Zwar hat sich der Dachverband für Tai Chi und Qigong (DDQT) mit den Krankenkassen auf Ausbildungsrichtlinien für Tai Chi-Lehrer geeinigt, aber es herrschen auch hier unkontrollierter Wildwuchs an Ausbildungen und dilettantische Angebote vor, die mit der Lehre nichts mehr gemein haben als eine zeitlupenhafte Bewegung im vermeintlichen Dienste der Gesundheit.
Auch im Tai Chi, genauso wie im Budo oder Yoga, braucht es zum Verständnis des Wesens und der Wirkung der Lehre einen „echten“ Meister als Lehrer, einen „väterlichen Lehr-Meister“, der in persönlicher Unterweisung die innere Lehre (Weisheit) und nicht das bloß Äußere vermittelt, Form und Technik (Leistung und Erfolg) trainiert. Ohne diese traditionellen Meister (Sifu/Sensei/Guru) ist die Lehre und sein Weg (Tao/ Do/Yoga) nicht zu verstehen oder zu übertragen und man bleibt an der Oberfläche der äußeren Form und dem bloßen Schein hängen.
Es braucht das echte Streben eines begierigen Schülers („Studenten“), die intensive „intime“ Beziehung zu einer erfahrenen „Führer“-Persönlichkeit sowie dessen Schülergemeinde in seinem „Tempel“ (Dojo/Ashram). Nur so ist die ureigene Qualität zu spüren, vor Verflachung durch Quantifizierung (Kommerz) zu retten, der wahre Schatz für den ganzheitlich gesunden, reifen und weisen Menschen zu bergen.
Das ist „harte Arbeit“ – chin.: Kung Fu !

Stattdessen macht man den minderwertigen Abklatsch oder neumodischen Unfug wie „Yogaworkout", „Tae-Bo", „Karaterobic", „Fit-Stick-Training", „Cardio-Kick", „Thai-Robic" „Soundkarate" – und viele verdienen an der Dummheit oder Bequemlichkeit der Massen, weil sich anspruchslos das meiste Geld machen lässt. „Budo-Sport" ist als Paradoxon einer der absurden Auswüchse dieses totalen Missverständnisses.

Falsch verstandener Holismus (alles hängt mit allem zusammen) wirkt sich verwässernd statt befruchtend aus, und Esoterik als philosophische Lehre spiritueller Erkenntniswege schrumpft zu skurriler Weltanschauung und substanzieller Leere, Übersinnliches zu Unsinnigem. Wassermannzeitalterliche Suche und Vision verrennt sich im oberflächlichen Ausprobieren Allesmöglichen, und je exotischer Name und Programm, je Selbstwert und Status erhöhender – vermeintlich. Viel, aber nichts „richtig" zu machen (ganz und gar) ist en vogue, schnelllebiger Konsum, Chic und Mainstream.

Wer sich aber wirklich was Gutes tun, sich weiterentwickeln will, über sich hinaus wachsen, muss sich zuerst im Innersten kennenlernen, mit seinen Grenzen arbeiten, seinen verschiedenen Persönlichkeitsanteilen und auch verdrängten negativen Gefühlen versöhnen, eigene Täuschungen ab- und Enttäuschungen aufarbeiten, Lebenslügen und -leiden aufdecken, sein ICH erkennen, Schwächen und Stärken, Wünsche und Ängste, muss lernen, wie er „tickt", was im Verborgenen weilt und wütet, den Sinn suchen.

All das geht nur nicht mit nur „schein(bar)-heiligen" Konzepten, sondern nur mit echten und bewährten Methoden (Wegen) und unter Anleitung echter Meister, unter Aufbietung aller eigenen Kräfte in echter Schülerschaft, auch und gerade dann, wenn's ans Eingemachte (Grenzerfahrung) geht. Muskelkater ist das Eine – Selbsterkenntnis das Andere, was man will oder dabei am Ende rauskommt. Doch das Interesse an den ernsthaften (auch schwierigen) Dingen ist gering, der schnelle Erfolg (Bauch-Beine-Po, Mitglieder, Status, Geld) beliebter. Der winkt in Fitnessstudios, Wellnesszentren, Kampfsport-Gyms. Bio-Energetics statt Qigong, Bodyfit-Massage statt Ayurveda, Kickboxen statt Kempo.

Budo, Yoga, Tai Chi – alles bewährte Wege zur Selbsterziehung und -therapie, wonach zu suchen und wofür zu kämpfen sich lohnt.
Aber statt echter Suche boomt der Verheißung schnellen Erfolgs versprechende Unsinn und Bauernfang mit der Perversion eines angeblichen „Budo-Sport"-Angebots. Der immer wieder unreflektiert verwendete Begriff „Budo-Sport" ist aber nun einmal ein Falsum und als sog. Oxymoron ein Un-Wort Contradictio in adiecto, das einen absoluten inneren Widerspruch beinhaltet (wie z.B. rundes Quadrat). Die Antinomie, also Unvereinbarkeit der gesetzmäßigen Inhalte des Budo (als Weg-Lehre) und des Sport (als Freizeit- oder Konkurrenz-Prinzip) basiert auf der Paradoxie des tatsächlich unauflösbaren Widerspruchs.
Dabei sind Budo und Sport nicht etwa nur zwei verschiedene Dinge, die man ja vielleicht zusammentun, miteinander vermischen, einander unschädlich oder gar zum gegenseitigen Nutzen neben-, nach- und miteinander praktizieren könnte – nein: Budo und Sport sind vielmehr dem Wesen nach diametral entgegengesetzte, sich einander vollkommen ausschließende Phänomene, deren jeweiliger Tod allein die gleichzeitige Existenz des jeweils konkurrierenden Antagonisten bedeuten würde. Anders als Schwarz und Weiß zusammen ein schönes harmonisches Schachbrettmuster oder schönes Grau erzeugen könnten, Mann und Frau (so verschieden sie sind) in der Vereinigung ein gemeinsames Neues (nämlich Kind), also ein mindestens gleichwertig Drittes und somit Zuwachs und Fortschritt erzeugen können, sind Budo und Sport der Logik nach völlig unverträglich und unvereinbar wie Feuer und Wasser, Tag und Nacht, Leben und Tod. Ein Mix ist unmöglich, ohne das jeweils Andere im Kern seiner existentiellen Bedeutung aufzulösen. Budomäßiger Wettkampf wäre so absurd wie Wettkampf-Zazen!
Es gibt kein Sowohl-als-auch, keine Befruchtung, nur das konsequente Ende, die essentielle Zerstörung des jeweilig Anderen. Kein Budoka profitiert von konkurrierendem Vergleich in leistungssportlichen Wettkämpfen, kein Sportler wird zum besseren, erfolgreicheren Athleten durch buddhistisch-spirituelle Übungspraxis der Nächstenliebe. Im Gegenteil! Budo braucht von Wettkampfgedanken und Leistungsvergleich freie Räume und würde von der Theorie und Praxis konkurrie-

render Lernübungen konterkariert. Der Sport wiederum würde durch die Verschiebung der Werte vom Erfolgs - Ergebnis zum individuellen Prozess - Erlebnis hin ausgebremst und die Leistungen der Ausübenden leiden.
Und trotz dieser folgewidrigen, so konträren, ja einander oppositionell-feindseligen Wesenskerne wird entweder in „dümmlicher“ oder eben - wider besseres Wissen - perfider Weise häufig versucht, Budo und Sport über alle formal-logischen Verbote und sachzwänglichen Tabus hinweg in einem Atemzug zu nennen, um so den positiven Beiklang des esoterischen, persönlichkeitsfördernden Budo auf der einen und den des allseits anerkannten und verbreiteten Sports auf der anderen Seite gleichermaßen für die eigenen Botschaften zu nutzen. I.d.R. sind das dann aber nur reine Werbebotschaften und Verkaufsargumente derer, die Alle (also die ganze Szene) bedienen und auch von Allen was haben wollen (meist nämlich ihr Geld, wie von Bekleidungsherstellern und Warenversandhäusern, Verbänden und Vereinen sowie, neuerdings, Dienstleistern und Programmanbietern). Das aber ist absolut un-seriös!

Längst sollte sich herumgesprochen haben, dass Budo wirklich kein Sport ist. Man sollte, wenn man das partout nicht einsehen will, doch auf die Autoritäten Ihres Faches hören, wie z.B. Kose Takano (Kendo Mejin, 10.Dan), der sagt:
„Budo/Kampfkünste unterscheiden sich grundlegend vom Sport; weshalb Budo weit über das hinaus geht, was Sport darstellt“[5].
Oder hören wir, was Ueshiba, der Begründer des Aikido, sagt:
„Sport ist Wettkampf – Budo ist Sieg ohne Sieger. Sport ist Leistung und Spannung – Budo ist Entspannung und Ruhe. Sport hat eine Form – Budo hat keine Form. Sport ist Muskelkraft und Absicht – Budo ist Ki (innere Energie, Atemkraft) und Absichtslosigkeit. Sport ist Kondition – Budo ist Balance, Gleichgewicht. Sport ist Konflikt – Budo ist Innerer Frieden und Meditation.“[6]

---

[5] In: Nihon Jujutsu, von Prof. Shizuya Sato, kenshokan.de (12/2013)
[6] Zit. auf fudoshin.de (12/2013)

Und der Budostudienkreis resümiert seine aktuellen Forschungen: „In einem sportlichen Training ist kein Budo und in einem Budo-Training ist kein Sport möglich. Das Vernachlässigen der klassischen Budo-Lehre zugunsten von Wettkampferfolgen hat in den Organisationen eine Situation bewirkt, in der sich viele ihrer Mitglieder unbewusst zwischen Budo und Sport bewegen, ohne wirklich dem einen oder anderen anzugehören. Das grundlegende Problem ist, die von sportlichen Organisationen beabsichtigte Gleichmachung zweier Auffassungen, die denselben Namen tragen und doch so verschieden sind.“[7]
Welche Wertevernichtung!

Weitere Literatur

Albrecht, Andreas F.: Dôjôkun. Die Ethik des Karate-dô. Schlatt-books, 2004

Bender, David: Sport, Kunst oder Spiritualität? Eine ethnografische Fallstudie zur Rezeption japanischer budō-Disziplinen in Deutschland. Waxmann: Münster, New York, München, Berlin 2012 (Mainzer Beiträge zur Kulturanthropologie/Volkskunde, Band 6)

Mabuni Kenei: Leere Hand – Vom Wesen des Budō-Karate. Palisander Verlag, 2007

Lind, Werner: Budo. Der geistige Weg der Kampfkünste. Nikol, Hamburg 2007

[7] Zit. Auf karate-dojo-speyer.de (12/2013)

Die erzieherische Wirksamkeit der Wesenselemente des Budo.
Budo-Pädagogik – eine ganzheitliche Pädagogik

Schröder, Jeannine

Prolog

Ich bin seit einem Jahrzehnt Sozialpädagogin/-arbeiterin und mit Abschluss meines Studiums wusste ich damals eines ganz genau: Keine Mädchenarbeit und keine Offene Soziale Jugendarbeit! Der Zufall wollte es so, dass ich eine Anstellung bei IN VIA - Katholische Frauen- und Mädchensozialarbeit erhielt. IN VIA – „auf dem Weg". Ich war „entzückt" von den Fügungen. Begann ich doch gerade tiefer in die Wesenselemente des Budo einzutauchen. Der Weg-Gedanke aus dem Budo spiegelte sich nun auch hier wieder. Das Selbstverständnis von IN VIA ist es, insbesondere Frauen und Mädchen auf ihrem Weg zu begleiten. „Die Wegbegleitung" – ein tiefer Grundwesenszug, der auch meiner pädagogischen Haltung zugrunde lag. Denn auf dem Weg begleiten, heißt ein Stück mitzugehen, dabei mit unbedingter fachlicher Haltung und steter authentischer und momenthafter Zentrierung für den Klienten genau bei jedem Schritt da zu sein. Niemals heißt das, nur auf die Gehwegplatte zu schauen, auf der wir stehen. Es bedeutet auch einen Weitblick einzunehmen, vorwärts zu schauen, wo es hingehen kann. Dafür benötigen wir oft jemanden, der uns auf den Horizont aufmerksam macht, der uns hilft, den Kopf zu heben und das Ziel ins Auge zu fassen. *„Die Füße gehen nur dorthin, wo die Augen schon waren",* heißt es. Schaffen wir diesen Moment gemeinsam zu gestalten, gehen wir auf dem Weg dankbarer, bewusster und ermöglichen uns „glücklich zu sein in jedem Augenblick". Das meint Transzendenz! Das ist die Botschaft dieser Pädagogik, die ich verfolge.
In der Budopädagogik fand ich meine Überzeugungen wieder, sowie die Klarheit, Stringenz und den Rahmen für fundierte, authentische

und dadurch wirksame Pädagogik. Einerseits konnte ich mich verorten, andererseits wuchs und wächst meine Pädagogik täglich neu mit dem Konstrukt der 6 Wesenselemente des Budo in der Budopädagogik und in meinem pädagogischen Alltag – immer und immer wieder.

Einführung „Pädagogik“

Pädagogik ist die Wissenschaft, welche sich mit der Theorie und Praxis von Erziehung und Bildung befasst. Heute verschmelzen beide Begriffe immer mehr ineinander. Als Handlungswissenschaft nutzt die Pädagogik bewusst soziales Handeln, um positive Veränderungen der Bedingungen und Verhältnisse eines Menschen zu bewirken. Jener Prozess ist ein Lernprozess, der eine Steigerung von Wissen, Können und Verständnis erzeugt. Dieser Arbeit liegt dabei die Überzeugung zugrunde, dass alles Lernen im pädagogischen Setting kognitive Vorgänge sind, sonst wäre Veränderung nicht möglich. So sind die Förderung und Entwicklung von Fähigkeiten, Fertigkeiten sowie von Verstand und Bewusstsein theoretisch jederzeit begründbar und daher erst planbar sowie kontrollierbar. Darüber hinaus erkennt der Pädagoge an, dass er Teil einer Lebensgeschichte eines Klienten ist, ihn im Lernprozess bewusst begleitet, aber nie das Recht und die Macht hat, die Persönlichkeit zu verändern, jedoch zu seiner Blüte zu verhelfen. Denn der Auftrag des Pädagogen ist es, den Klienten in seiner Autonomie zu fördern und ihn zu befähigen *„schwierige Lebenslagen selbständig zu bewältigen und damit ein möglichst selbstbestimmtes Leben zu führen“*[8]. Überdies ist gerade der Pädagoge qua Profession nicht nur in der Lage, soziale Ungerechtigkeit zu entdecken, sondern damit auch in der Verantwortung, Handlungsalternativen aufzudecken und Partei zu ergreifen.

---

[8] Lob-Hüdepohl, A. (2003): Ethik Sozialer Arbeit im Dienst einer Menschenrechtsprofession. Online : www.ehs-dresden.de/fileadmin/ uploads_ hochschule /Forschung/Publikationen/Studientexte/ Studientext_2003-01_Lob-Huedepohl.pdf

Pädagogik und Gesellschaft rufen nach Ganzheitlichkeit in der Betrachtung des Menschen. Bereits Pestalozzi (1746-1827) und Montessori (1870-1952) betonten dies mit „Lernen mit Kopf, Herz und Hand". Um einen gelingenden ganzheitlichen pädagogischen Prozess zielgruppenspezifisch zu planen und umzusetzen, stellen sich mir immer wieder die Parallelen zu den sechs Wesenselementen aus Budo und Budo-Pädagogik dar – und ich nutze sie. Ich möchte dies im Folgenden für das reine pädagogische Setting darstellen und im Anschluss Grenzen und Möglichkeiten budopädagogischer Konzepte konstatieren.

Kampf, Entscheidung, Erwerb von Fähigkeiten (Bu)

„Bu" steht für Kampf. Kämpfen zu lernen, um nicht mehr kämpfen zu müssen. Das hört sich zunächst nach einem Paradoxon zum pädagogischen Ansatz der Friedfertigkeit an. Dass darin die nötige Aufbruchsenergie für jeglichen pädagogischen Prozess besteht, soll hier dargestellt werden. Mit Kampf wird immer auch Aggression verbunden. Meist wird dabei nur der destruktive Aspekt beleuchtet. Dabei ist aus dem lateinischen Wortstamm zunächst das „Heranschreiten" gemeint. Aggressionen sind als Erregungsform notwendig, um Hindernisse und Herausforderungen zu überwinden und Neues aufzunehmen. Der Kampf ist existent, wenn es einer größeren Anstrengung bedarf, sein Ziel zu erreichen. Kampf braucht dann Selbstbeherrschung in Form von Affektkontrolle und den adäquaten Einsatz der eigenen Fähigkeiten. Mittels Strategie, also Wissen und Können, werden Widrigkeiten überwunden und kann Fort-Schritt erst erreicht werden. Jeder Motivation folgt eine aktive Handlung im Sinne von Losgehen, Voranschreiten, Eindringen; im Gegensatz zur passiven Haltung von Ruhen, Verharren, Warten. Ohne Motivation wiederum entsteht erst gar keine Entscheidung zum Handeln und damit würde jeder Entwicklungsprozess stoppen. Es ist sogar widersinnig, den Aspekt der Leistung zu verteufeln. Im Bereich des „Bu" hat er seinen Platz, auch in der Pädagogik. Denn Leistung beschreibt ja gerade den Energieaufwand, den ein Mensch mit seinen körperlichen und geistigen Fähigkeiten betreibt, um ein Handlungsergebnis auf einem bestimmten Niveau zu erreichen. Erst das Sich-Messen und Vergleichen gibt Kindern die Möglichkeit, sich zu orientieren und zu erleben. Dem Leistungsstreben geht immer eine Absicht voraus. Eine Absicht liegt dann vor, wenn eine Motivation, also eine Entscheidung getroffen wurde. Demnach ist wiederum der Aspekt der Leistung, der Motor jeden Entwicklungsprozesses. Es braucht also den Kampf in den verschiedenen Ausprägungen als Aufbruchsenergie für positive Persönlichkeitsentwicklung!

Deutlich wurde, dass Entscheidung und Motivation sowie Erwerb von Fertigkeit und Wissen in einem ständigen wechselseitigem Verhältnis stehen, um den Prozess zu beginnen. Nun ist es Ziel jeder pädagogischen Richtung, den Klienten in der Entwicklung seiner Selbstkompetenz zu unterstützen. Dabei ergibt sich Kompetenz aus Können, Wissen und Verständnis. Um etwas zu können, soll der Pädagoge den Klienten befähigen. Schon die ersten Modelle von Piaget, Erikson, Kohlberg und Maslow gaben Orientierung in der Entwicklungspsychologie, in dem was ein Kind in welchem Lebensalter lernt und was es am Ende einer Entwicklungsstufe erreicht haben soll. Der Pädagoge bedient sich also selbstbewusst Ergebnissen und Erkenntnissen aus Nachbarwissenschaften, um genau zu planen und zu fördern. Der Pädagoge ist dabei natürlich zunächst Lehrer. Denn der Klient braucht Kenntnisse in Formen, Farben, Sprache, Regeln, in Mimik und Gestik etc. Mit diesem Wissen ist das Kind erst in der Lage, sich auszudrücken und Wahrnehmungen einzuordnen. Mit diesem Wissen kann das Kind erst beginnen etwas selbst umzusetzen und zu kombinieren oder gar zu experimentieren. Ohne diese Kenntnisse, die zu Fähigkeiten werden, ist ein Mensch nicht in der Lage, Zusammenhänge zu erkennen oder gar herzustellen. Dann ist er auch nicht in der Lage, sich im sozialen Kontext zu bewegen oder eigene Ideen zu entwickeln. Ziel der Pädagogik als Handlungswissenschaft im sozialen Kontext ist es, Sozialkompetenzen mit dem Klienten zu entwickeln. Dazu gehört das Wissen um gesellschaftliche Normen und Werte sowie die Fähigkeit mit

Situationen umzugehen. Erst dann, und nicht vorher, sind Kinder und Jugendliche in der Lage ihren Erfahrungshorizont selbständig zu erweitern und sich sinnstiftend in die Gesellschaft einzubringen. Im täglichen Kampf geht es darum, Herausforderungen zu sehen und aufzunehmen. Es bedeutet auch, sich zunächst aus seiner Komfortzone heraus zu bewegen und entsprechende Energie aufzuwenden.

Der Entwicklungsprozess (Do)

Der Weggedanken des Budo, also Do, beschreibt einen „Prozess". Dabei meint ein Prozess Entwicklung und ständige Bewegung. In der Pädagogik ist dieser Aspekt ein zielgerichteter Ablauf von Ereignissen. Das heisst, es gibt einen Bedarf, eine pädagogische Zielgruppe und einen Auftrag, sowie entsprechende Konzepte und Methoden. Um dabei tatsächlich zielgerichtet, also professionell zu agieren, benötigt der Pädagoge nun die Ergebnisse, in Form von Wissen, Können und Verständis aus dem Bereich „BU", um den Klienten auf seinem Weg zu führen. Um den Klienten, wie es in den Sozialwissenschaften immer betont wird, „dort abzuholen, wo er steht", ist der Weggedanke entscheidend. Basierend auf den ethischen Prinzipien Sozialer Arbeit soll nämlich zunächst die Vielfältigkeit von individuellen Lebenswegen akzeptiert werden und der Klient in seinem Streben unterstützt werden. Dabei geht es nun im Gegensatz zum BU nicht um den Fokus von Leistung und Können, sondern um den Ausdruck von Fleiß, Eifer sowie Neugier und Begeisterung. Der Wille ist die treibende Kraft. Unter diesen Umständen werden Rückschläge inkaufgenommen, forciert und im Sinne der Resilienzförderung unterstützend begleitet. Resilienz meint die Fähigkeit, mit Veränderungen und Störungen umzugehen und in Krisen auf die eigenen Ressourcen zurückzugreifen. Im Sinne der positiven Persönlichkeitsentwicklung werden die Stärken des Kindes und Jugendlichen zielführend eingesetzt und gefördert. Der Ansatz der Resilienzförderung und der Ressourcenorientierung ist somit die Lehre des erfolgreichen Handelns und aus diesem Erfolgslernen

lernt der Mensch, sich selbst zu motivieren und auf längere Zeit seine Emotionen zu kontrollieren. Das ständige Üben also wird kultiviert und ermöglicht den Erwerb von nötigen Schlüsselkompetenzen.
Zu oft werden Kindern nötige Lebenserfahrungen vorenthalten, weil man sie nicht traurig sehen kann, weil es nicht so schlimm ist und weil man wieder gut machen will. Dabei erleben Kinder beispielweise selten gesunde Trauer- und Abschiedsprozesse. Doch Abschied bedeutet eben Wut und Trauer und erst wenn diese wirklich erlebt und erspürt wurden und wir Kinder darin begleiten und halten, statt für sie das „Problem" zu beheben, nehmen wir sie ernst und geben ihnen die Möglichkeit, wichtige Erfahrungen zu machen, die sie befähigen, später gestärkt das Leben zu bewältigen. Denn erst nach Wut und Trauer kommt Akzeptanz. Der Akzeptanz liegt Verständnis zugrunde und beides ist Grundlage für weitere Entwicklungsschritte.
Die Pädagogik versteht sich auch als Bildungswissenschaft unter der Begrifflichkeit des lebenslangen Lernens und dem Verständnis von einer sich immer weiterentwickelnden Persönlichkeit. Egal auf welchem Wegesabschnitt wir unsere Klienten begleiten, wir stehen in der Verantwortung, sie offen und kompetent zu begleiten. Jeder Prozess beginnt mit Bildung, denn unter Bildung wird der Erwerb von Fähigkeiten (siehe Bu) und die Formung des Menschseins verstanden. Heute hat sich der Bildungsbgriff zu einem ganzheitlichen Entwicklungsprozess erweitert und beinhaltet die lebenslange Reflexion und Erweiterung der Fähigkeiten und sozialen Kompetenzen. Der beschriebene Prozess ist ein Weg und er braucht Pädagogen, die wohlwollend und dabei konfrontativ zur Seite stehen, die gemeinsame Ziele erst erarbeiten, um intrinsiche Motivation im Klienten zu wecken und mit extrinsischer Motivation unterstützen. Er braucht Persönlichkeiten, die sich selbst auf den Weg gemacht haben, Wissen angeeignet haben und ständig offen bereit sind, sich selbst fachlich weiterzuentwickeln und zu streben. Die Wegstufen Shu-Ha-Ri des Budo (Folgen-Intergieren-Transzendieren) spiegeln sich sowohl in der Entwicklung des Klienten als auch in der eigenen selbstkritischen Betrachtung des Pädagogen wider: So eignet der zukünftige Pädagoge zunächst Wissen in seiner Disziplin, in Psycholgie, Soziolgie und

anderen Nachbardisziplinen an. Es ist das stetige Streben nach Lerninhalten und die Verknüpfung von Theorie und Praxis. Nach und nach, während und im Anschluss des Studiums sowie mit erstem Handlungswissen entwickelt der Pädagoge eine eigene Haltung. Nun wird aus Wissen und Erfahrung Können und aus der Rückkopplung von Können und Theorie erfährt der Pädagoge Handlungssicherheit und formt seine Haltung. Dadurch wirkt der Pädagoge kompetent. Zunehmend gewinnt er auch hierin Sicherheit. Sicherheit meint dabei das Bewahren von Erfahrung, Wissen und Können und der zusätzlich bewusste Einsatz der Persönlichkeit.

Sozialer Raum, Atmosphäre und Gruppe (Dojo)

Im Budo ist das Dojo der Ort, der Raum bzw. der Tempel des Übens. Bis hierhin wurde der Lauf vom Erwerb des Wissens und der Fertigkeiten sowie das ständige Streben und Bemühen im Entwicklungsprozess zu bleiben, um Stillstand zu verhindern, erläutert. Das Üben, so wie es Inhalt im Dojo ist, dient dazu, diese bereits erworbenen und noch instabilen Lernstrukturen durch ständige Wiederholung zu festigen. Damit ist das Üben im Lernprozess die zweite Phase nach dem Lernen in Form von Aneignen. Üben ist dabei im Gegensatz zum Wettstreit die wertungsfreie Methode zur Einschätzung von Leistung auf diesem Weg. Dies entspricht dem Do sowie dem Ziel und den ethischen Prinzipien Sozialer Arbeit, Menschen in ihren Lebensabschnitten zu begleiten und persönliche Entwicklung zu fördern.
In der Pädagogik ist der Raum erster Anlaufpunkt für Klienten. Allein durch sein spezielles Angebot ist dem Klienten die „Funktion und der Nutzen“ deutlich. Ein pädagogischer Raum, eine Beratungsstelle oder ein Offener Treff, sprechen je eine besondere Zielgruppe an, werben dafür und richten sich entsprechend aus. Der Klient fühlt sich wahr- und ernstgenommen und erwartet Expertentum. Ein Raum bietet einen geschützten Rahmen, in dem er durch seine natürlichen

Grenzen, Geborgenheit und Halt statt Undendlichkeit ausstrahlt und damit Bereitschaft signalisiert für Kommunikation und Gemeinschaft. Dabei meint Gemeinschaft nicht immer allein die Zuordnung zu einer physich vorhandenen Gruppe, sondern vielmehr das emotionale Zusammengehörigkeitsgefühl und die Identifikation mit Gleichgesinnten. Das Gefühl zu erleben, dass es eine Beratungsstelle genau für mein Problem und meine Situation gibt, verleiht dem Klienten das Gefühl, nicht allein zu sein; andere haben auch Schwierigkeiten und es gibt Experten, die mich unterstützen können. Möglicher Fortschritt ist direkt spürbar. Eine Gemeinschaft charakterisiert sich durch die Unterscheidbarkeit zu anderen Aussenstehenden. Damit wird in diesem Rahmen klar und akzeptiert: Ich bin in einer besonderen Situation, ich bin besonders. Wir sind besonders. Eine Gemeinschaft gibt durch ihre kleine Gruppengröße, die Homogenietät und den emotionalen Zusammenhalt das Gefühl von „Wir“. Das stärkt, denn es ist die ursprüngliche Form des Zusammenlebens. Hier erleben die Mitglieder und Klienten Zugehörigkeit. Eine soziale Gruppe ermöglicht gerade erst, soziale Bindung in Form von Vertrautheit und Intimität zu erleben und Beziehungen aufzubauen und zu pflegen. Die Klienten (lernen zu) interagieren, Konflikte und Aushandlungsprozesse zu erleben und sich dadurch zu integrieren. Hier erwerben Klienten Sozialkompetenz. Das Charakteristikum der natürlichen Homogenietät einer Gemeinschaft ermöglicht dem Pädagogen zielgruppenspezifisch zu arbeiten. Beziehungsweise: Es werden sich in einem spezifischen Angebot immer die Menschen wieder finden, die ähnliche Schicksale tragen und so können sie voneinander lernen.

Ein Dojo wird über den „Raum“ hinaus von den Eingeweihten als „Tempel“ bezeichnet. Ein Tempel ist eine Stätte, die sich vom Alltäglichen abgrenzt. Somit ist der Beratungsraum zwar bewusster Eintritt zu einem Hilfsangebot, jedoch auch gleichzeitig Abgrenzung dazu, dass der Klient selbst sein Problem „ist“. Wo der Klient sonst die Möglichkeit hat und nutzt, sich von seinem Problem zu distanzieren, um im Alltag zu funktionieren, kann er sich hier im geschützten Raum öffnen. Dieses Konstrukt bietet auch die Chance, zum wiederum

bewussten Austritt aus dem Raum und das Problem in dieser Kompaktheit an diesem Ort zu lassen. Denn der Mensch neigt zur Äquilibration, also der Herstellung eines inneren Gleichgewichts. Durch den bewussten Ein- und Austritt in/aus einem pädagogischen Setting wird ihm die Chance geboten, sich zu öffnen und im geschützten Raum zu erproben, aber auch nach und nach, äusserliche Änderung zu bewirken. „Jemanden Raum übertragen“ steht dafür, jemanden auch die Möglichkeit zu bieten, frei zu entscheiden (Bu) und sich zu bewegen (Do).
Der Raum als Tempel steht in enger Verbindung mit dem Aspekt der Spiritualität, dem Zen-Gedanken, der später ausführlich dargestellt werden soll. Ein Raum unterscheidet sich von einem Tempel, wenn er eine besondere Atmosphäre ausstrahlt. Diese Atmosphäre ist geprägt durch diesen Ort ritueller Handlungen, die Gedanken von etwas Übergeordnetem ausdrücken. Das ist im pädagogischen Setting zum einen die Konzeption in Form von Zielgruppenspezifik und Angebot, also Funktionalität, jedoch noch weiter: es symbolisiert das Menschenbild der pädagogischen Einrichtung und deren Mitarbeitenden. Atmosphäre beschreibt die Art der Zusammenstellung einer Umgebung und ist theoretisch, also konzeptionell reproduzierbar. Es ist die unsichtbare Seite von sozial bestimmten Räumen und habitueller Ausdruck in Form von Handlungen, Geboten und Verboten (Etikette – Reigi). Ein Raum wird so eingerichtet, dass er klar strukturiert ist und gleichzeitig Aufforderungscharakter hat, zu dem, zu dem er bestimmt ist: zum Ankommen, zum Zentrieren, zum Problemlösen oder Verweilen, zum Bewegen oder Spielen – immer zum Üben. Atmosphäre wird erlebt und gespürt und sagt dabei noch nichts darüber aus, ob sie gelungen ist oder nicht. Dies erst drückt sich in der Ästethik, der Lehre vom Wahrnehmen des Schönen und von Gesetzmäßigkeiten aus. Ästehtik bewegt alle unsere Sinne und beschreibt dabei alle Aspekte, wie Menschen entscheiden, Gegenstände wahrzunehmen. Ästethik ist dann nicht nur Sinnlichkeit, sondern auch Sinnhaftigkeit. In der Sinnhaftigkeit verbirgt sich eine besondere Lehre nicht nur des Pragmatismus, sondern die der Zeichen. D.h. Zeichen sowohl als

Symbole (Spiritualität), als auch als Signale (z.B. auch persönliche Haltung) geben Hinweise auf Bedeutungen, also Sinn. Ja sie konstruieren ihn.
Hilfebedürftige Menschen suchen bewusst oder unbewusst Schutz und Halt. Wenn sie in pädagogische Settings eintreten, haben sie sich auf dem Weg gemacht und finden aufgrund von Zeichen und Symbolen, durch Sprache und Haltung zu Gruppen und Institutionen in Räume mit einem besonderem Angebot, das sich an eine spezielle Zielgruppe richtet und in denen sie Gleichgesinnte und Experten treffen, um sich Wissen und weitere Fähigkeiten anzueigenen. Dann verstehen sie und fühlen sich verstanden, dann sind sie bereit zu akzeptieren. Dann können sie sich mit Unterstützung auf den Entwicklungsprozess einlassen.

Normen, Werte und Handlungssicherheit in der pädagogischen Praxis (Reigi)

Jeder Mensch, und insbesondere Menschen in unsicheren und konflikthaften Situationen, suchen nach Halt und Geborgenheit. Sie suchen danach, dass ihnen vorübergehend Verantwortung abgenommen wird, um sich auf Lösungsprozesse einzulassen. Verhaltensregeln bieten Orientierung in einer sozialen Gruppen und ziehen normative Beurteilungen auf praktische Umsetzungen. Die sonst in Worten und Gedanken verfangenen Klienten kommen so in der Handlung zur Ruhe, da sie direkt beobachten können und erfahren, was von ihnen erwartet wird. Andererseits erhalten sie direkt eine Ausdrucksform, um ihre Haltung zu präsentieren und identifizieren sich mit der Gruppe. Somit erlangen sie Handlungssicherheit und mögliche Risiken des gefürchteten Ansehensverlust des eh instabilen Selbstwertes können selbstwirksam vermieden werden. Damit haben die Klienten bereits in dieser Situation Selbstkontrolle über den Prozess und Gestaltwirksamkeit erlebt. Das befriedigt vorübergehend das Selbst-Bewusstsein und lädt

ein, sich auf weitere Prozesse einzulassen. Eine Etikette regelt das Zusammenleben in einer Gruppe über entsprechende Verhaltensnormen. Sie sind Richtlinien in Form von sozialen Sanktionen. Soziale Sanktionen beschreiben das soziale Handeln und bewerten sie in Worten und/oder Gestiken. Unter Sanktionen muss nicht nur die Beeinflussung des Verhaltens verstanden werden, sondern eben auch die Einhaltung der Normen und Grenzen sozialer Gruppe. Im Wortstamm von *Etikette* befindet sich auch der Begriff der *Ethik.* Die Ethik gründet auf Vernunft, welche aus der Verwendung von Fähigkeiten und menschlichen Denken, gewonnen aus Beobachtung und Erfahrung, resultiert. Es finden sich hier in Gewohnheiten und Brauch, also Ritus, die moralischen Vorstellungen und die Sinnesart, ja der Charakter der Gruppe Gleichgesinnter wieder. Es beschreibt ohne nötige Reglementierung (aber als höheres Ziel) die Kriterien guten und schlechten Handelns.
Die Prinzipien der Ethik Sozialer Arbeit sind nach Lob-Hüdepohl[9] charakterisiert durch: Autonomie, Gerechtigkeit und Solidarität. Autonomie gesteht dabei dem Klienten seinen eigenen gelingenden Lebensentwurf zu. Durch die Gerechtigkeit ist die Verteilung von Lebensgütern und Lebenschancen begründet und in der Solidarität steht der Grundsatz sich gegenseitig zu unterstützen, denn wir werden immer aufeinander angewiesen sein. Der Pädagoge hat aufgrund seiner Profession Verantwortung gegenüber Hilfsbedürftigen. Er ist mehr als andere in der Lage, Situationen zu erkennen, Missstände und Handlungsalternativen aufzudecken; damit hat er die Verantwortung, Partei zu ergreifen. Dieser Parteilichkeit unterliegt also eine Form der Achtsamkeit für die Not der Bedürftigen. Da Ethik vernunftbasiert und begründbar ist, können die Motive und Folgen menschlichen Handelns direkt bewertet werden und sind damit nicht nur Meinung, sondern Handlungsrichtlinien, nach denen sich Ziele in pädagogischen

---

[9] Lob-Hüdepohl, A. (2003): Ethik Sozialer Arbeit im Dienst einer Menschenrechtsprofession. Online : www.ehs-dresden.de/fileadmin/uploads_hochschule/Forschung/Publikationen/Studientexte/Studientext_2003-01_Lob-Huedepohl.pdf

Konzeptionen und konkrete zielgruppenspezifische Handlungsschritte in Konzepten ausdrücken. Für den Klienten stellen sich damit direkte Handlungsableitungen nachvollziehbar dar. Mit Etikette sind darüberhinaus auch im förmlichen Akt gemeinte zeremonielle Umgangsformen und Rituale mit Symbolcharakter gemeint. Diese Form gibt also dem besonderen Anlass wiederum einen besonderen Rahmen, in dem es dem Klienten ermöglicht, zum Einen ein- und auszusteigen und zum Anderen die dahinterstehenden Haltungen, Prinzipien, Normen und Werte zu erkennen und dem Körper über die Handlung diesem identifizierenden Selbstverständnis Entfaltungskraft zu verleihen. Das Wort Etikette entstammt ursprünglich der französischen Sprache und meint tatsächlich das Etikett, als Zettel. Es diente damals am königlichen Hofe der Markierung von Rangfolgen der zugelassenen Personen. So sollte der individuellen Willkür eine Form gegenübergestellt werden. Diese äußerlichen Umgangsformen bieten also dem Menschen die Möglichkeit, auf der Freiheit seiner Wahl und Urteilskraft beruhenden Haltung, seiner Höflichkeit und seiner Anerkennung der zugrundeliegenden Wertvorstellung und gefühlten Verpflichtungen, Ausdruck zu verleihen.

Im vorliegenden Abschnitt wurde dargestellt, dass die vorgegebenen Handlungen und Verhaltenserwartungen einerseits Sicherheit bieten und durch Nachahmungslernen eine Methode ist, über den Körper statt über Worte zu lernen. Andererseits ist die Etikette Ausdruck der zugrundeliegenden Wertvorstellungen einer sozialen Gruppe und/oder Gesellschaft, die direkt erlebt werden und darüberhinaus selbst Gestaltungsraum bieten, seiner Haltung, seinen Tugenden und Emotionen, Entfaltung zu ermöglichen. Über dieses Handlungslernen wird der Klient befähigt, sich selbst in einem Rahmen und als Teil einer Gesellschaft zu erleben und auszudrücken, aber auch sich mit einer Gruppe zu identifizieren und mit ihr im persönlichen Einsatz nach dem erwünschten Ziel zu streben.

Verhältnis von Pädagoge und Klient (Shitei)

Die Lehrer-Schüler-Beziehung aus dem Budo lässt sich auch auf die Pädagogen-Klienten-Beziehung im Charakteristikum übertragen. Der Lehrer ist von jeher jemand, der einem anderen aufgrund seines Expertentums bzw. seiner vorangeschrittenen Kompetenz etwas beibringt. Dabei beschränkt sich der „Lehrstoff" nicht allein auf Wissen und Können, wie es nötig ist, um sich Fähigkeiten anzueignen, sondern auch Lebensweisheiten können Lehrinhalt sein. Spannend ist, dass der Begriff „Lehrer" ursprünglich übersetzt meint: „jemand, der durch Nachspüren wissend macht." – eine Eigenschaft, die heute mehr dem Pädagogen zugeschrieben wird. Dabei war der Pädagoge in seinem griechischen Wortursprung der Sklave, der den Knaben erst zum Lehrer führte. Heute beschäftigt sich der Pädagoge professionell mit der Theorie und Praxis von erzieherischem Handeln. Unabhängig von der verwerflichen und freiheitsberaubten Eigenschaft des Sklaven hat sich sowohl der Lehrer im Budo-Sinne als auch der Pädagoge im gegegenwärtigen Sinne (im besten Falle) dem „dienenden" Charakter verpflichtet. Der Pädagoge dient der Gesellschaft und dem Klienten. Er leitet Entwicklungsprozesse und stellt sich zur Verfügung. Die Entscheidung zur Veränderung trägt der Klient immer selbst. In Demut, also in der Gesinnung eines Dienendem, (be)fördert der Pädagoge diesen Prozess. Immer strukturiert und planvoll, konsequent auf das Ziel orientiert und dabei offen genug, um dem Klienten die Mögkichkeit zu lassen, selbst zu gestalten. Der Klient ist nämlich neben dem „Schützling" auch der Auftraggeber oder Dienstleistungsnehmer. Dieser Aspekt betont den Grundsatz, dass der Pädagoge erst mit „Auftrag" in seine Kraft tritt. Für einen pädagogischen Prozess braucht es also immer einen pädagogischen Auftrag. Das kann der Klient selbst sein, ein Träger der Sozialen Arbeit und/oder ein schutzrechtlicher oder gesellschaftlicher Auftrag. In der Pädagogik besteht heute dabei das Risiko, dass die Beziehung von Pädagogen und Klienten entweder romantisiert oder verkannt wird. Das oft besprochene Verhältnis von Nähe und Distanz bekommt hier große Ausdruckskraft. Einerseits verlassen sich Erziehende nach abgeschlossener Ausbildung oft zu sehr auf die vermeintliche Intuition und das persönliche Wirken und vernachlässigen dabei den geplanten und kausalen, objektivierbaren Erziehungsprozess. Das widerspricht der hier bis dato dargestellten Gesetzmäßigkeit eines harmonisierenden Kreislaufs bereits in den Elementen des Bu (Fakten, Wissen, Entscheidungen) zum Do (prozesshaft). Andererseits distanzieren sich viele Pädagogen oft zu sehr aus propagierter und/oder eigener Unsicherheit von ihren Klienten, im vermeintlichen Argument der professionellen Distanz. Diese ist richtig und gleichzeitig liegt darin die Herausforderung. Denn Ziel der Pädagogik ist es, wie erwähnt, insbesondere Sozialkompetenzen auszubilden, also zu lehren. Ja, dazu braucht es Wissen und Fähigkeiten. Im Gegensatz zu anderen Berufen jedoch ist hier das „Zielobjekt" ein Mensch. Wenn ein Mensch soziale Kompetenzen, Beziehung und Bindung lernen soll, muss er in authentische soziale Beziehungen treten können, um sein Wissen anzueignen, zu reflektieren und seine eigene Wirksamkeit zu erleben – in der Gruppe und mit dem Pädagogen. Entwicklung von Sozialkompetenz muss dann Beziehungsarbeit sein. Wenn es einen Bedarf und damit einen Auftrag gibt, den Klienten in der Veränderung seines auffälligen Sozialverhaltens zum Positiven zu verhelfen, dann muss er eine Beziehung eingehen (können). Die Beziehungsfähigkeit ist immer gestört, wenn es einschneidende Erlebnisse in der „Bindung" gab, also muss sie durch eine positiv begleitete und dabei strukturierte Weise gefördert werden. Der Pädagoge ist damit in hohem Maße aufgefordert, sich selbst als Persönlichkeit, in seiner Individualität einzubringen und dabei gleichzeitig die professionelle Abgrenzung zu halten. Eine soziale Beziehung hat, wie die Zuwendung zu einer Gruppe, immer einen Sinn und einen Grund. Nur diesen gilt es zu „bedienen". Und dabei dehnt sich der Pädagoge in voller Leidenschaft aus. Dadurch wirkt und entfaltet er sich mit all seinen gelebten Werten und Tugenden. Dadurch lernt der Klient, durch Erleben und durch Vorbild. Ausgehend von dem Begriff der Lehrer-Schüler-Beziehung muss der Pädagoge im Vermittlungsprozess auch mit sich vorangeschritten sein, um lehren zu können. Ein ehemaliger

Drogenabhängiger kennt die Schwachstellen des Prozesses am optimalsten und ist authentisch, weil er weiss, wovon er redet. Er kann dem „Schüler" zunächst beibringen, wie er Schwellen überwindet. Er kann am besten motivieren. Der sehr gute Pädagoge meistert nicht nur den Erziehungsprozess durch das eigene Wissen, sondern ist selbst ständig auf der Suche nach den eigenen Prozessen, zurückschauend und vorausschauend. Alle bewältigten Prozesse kann der lehrende Pädagoge selbst leidenschaftlich im Klienten befördern. Mit Nohl:

„Die Grundlage der Erziehung ist also das leidenschaftliche Verhältnis eines reifen Menschen zu einem werdenden Menschen, und zwar um seiner selbst willen, dass er zu seinem Leben und seiner Form komme."[10]

Das tragende Verhältnis ist durch den Pädagogen gekennzeichnet von Authentizität, Leidenschaft und Expertentum sowie Professionalität. Wird der Erziehende als authentisch empfunden, wirkt er echt und zuverlässig. Denn sein Habitus ist nicht von äußeren Einflüssen bestimmt. Sein Verhalten erschließt sich aus ihm selbst heraus. Denn er ist sich seiner Stärken und Schwächen sowie Emotionen und Motive bewusst und steht auch zu seinen negativen Seiten aufrichtig und akzeptiert entsprechende Rückmeldungen. Dieses konsequente, integre Bild und Auftreten verleiht dem Klienten Sicherheit. Die Leidenschaft betont die natürliche und völlig im Moment aufgehende emotional (zu)gewandte Beziehung zum Klienten und im Prozess. Es ist nicht üblich den Begriff der Liebe im professionellen Setting zu wählen. Dabei ist die Liebe eine sehr starke Zuneigung und Wertschätzung eines anderen, die keiner Erwiderung bedarf. Sie meint das strahlende und freudige ohne jeglicher Bedrücktheit[11] erwachsene im Moment und lässt den Menschen im beiderseitigen Sinne erstreben. Wenn Authentizität und Leidenschaft mit dem Expertentum eines Menschen verbunden sind, strebt er zu Höchstleistungen. Dann kann der Klient vom

---

[10] Nohl, H. (1970): Die pädagogische Bewegung in Deutschland und ihre Theorie; Frankfurt a. Main; S.134

[11] Bollnow, O. F. (2001): Die pädagogische Atmosphäre. Verlag die blaue Eule, Essen; S.54

Besten lernen. Er wird es mit Freude tun und selbst den Wunsch verspüren, wissen zu wollen. Damit erhält der Lehrer seine Wortbedeutung: der durch Nachspüren wissend macht.
Bollnow macht überdies die Aspekte des Vertrauens, der Güte und der Geduld als gelingende Charakteristika für die pädagogische Beziehung verantwortlich. Das Kind und der Jugendliche, der Klient können sich nur selbst vertrauen, wenn der Pädagoge auch im begründeten Wissen ist, dass der Klient die körperlichen und geistigen Fähigkeiten hat, um die ihm zugetraute Leistung zu erbringen. Weil der Klient das Wissen und den Erfahrungsvorsprung des Pädagogen nicht hat, muss er ihm vertrauen, es liegt also immer auch ein gewisses Risiko darin, eine Beziehung einzugehen und sich auf jemanden zu verlassen und dadurch zu lernen. Es braucht Geduld, um den Menschen prozesshaft seine eigenen Schritte gehen zu lassen, ohne dass Geduld in Gleichgültigkeit verwandelt wird. Wiederum beschreibt dieser Gedanke das Wechselspiel zwischen BU und DO. Zwischen „dranbleiben“ und „loslassen“. In Demut nimmt der Pädagoge seinen Zögling an. Er fördert und fordert ihn ein Stück seines Lebens. So auch die Güte: Sie liebt und wendet sich zu, während sie auch in voller Sinnhaftigkeit streng ist. *„Diese Güte hat die Kraft jenes Verstehens, das durch die Einsicht in die allgemeine Schwachheit der Menschen geläutert, zugleich ein Verzeihen ist, aber darum wiederum nicht Schwächlichkeit bedeutet, sondern im Verstehen der Fehler zugleich den sittlichen Anspruch in stiller Selbstverständlichkeit aufrecht erhält.“*[12]

Spiritualität in der Pädagogik (Zen)

Der Begriff der Spiritualität hat viele Beschreibungen und meint zunächst die Form der Geistigkeit und die Idee des Menschen zu einer höheren, geistigen Verbindung. Stets ist der Mensch Suchender. Diese Suche jedoch benötigt eine Balance zwischen der Anerkennung von etwas scheinbar Höherem und der Rückbesinnung. Diese Sicht bietet

[12] Ebd., S. 72

dem Menschen die Möglichkeit, auf sich und sein Leben zu vertrauen, weil sie einen Sinn ergeben. Das sind auch die essentiellen Themen, die Spiritualität mit sich bringt: Sinn- und Wertfragen des Daseins und insbesondere der eigenen Existenz. Gerade Kinder und Jugendliche und Menschen in unsicheren und konflikthaften Verhältnissen finden hier Halt und Antworten. Häufig hängen Menschen jedoch in diesem Konstrukt fest. Dann streben sie nur nach dem Höheren und sind der tatsächlichen Welt entfremdet. Es gibt sieben Ausdrucksformen von Spiritualität, die in der Praxis tatsächlich gleichberechtigt Berücksichtigung finden sollen, um eine Abweichung in Weltentfremdung oder Fanatismus zu vermeiden: Gebet, Erkenntnis, Vorstellung von etwas Höherem, Mitgefühl, Achtsamkeit, Dankbarkeit und Meditation sind konkret auf den pädagogischen Alltag übertragbar, ohne dass jemand einer Religion oder Glaubensrichtung angehören muss. Im gesprochenen Wort (hier analog dem Gebet) kann sich der Klient seine Ziele als Affirmationen selbstinstruierend zusprechen und sich so Gutes tun und voranbringen. Seine ggf. wirren Gedanken formen sich in Worte, sie werden dadurch präzise, formulieren den eigenen Zustand und die Klienten können entsprechend um Hilfe bitten. Durch die Verbalisierung von Gedankengängen und Empfindungen werden kausale Zusammenhänge deutlich und reifen zur Erkenntnis. Diese Art von „Erlebnis"-Pädagogik fördert diesen Zustand bewusst über strukturierte Ereignis-Erlebnis-Erkenntnis-Prozesse.

Diese „E-Kette" kann erweitert werden durch den Begriff der Einsicht[13] (bei Wolters „Erleuchtung"), der der Spiritualität innewohnt. Die schnelle eingebungsmäßige Einsicht aufgrund von Wissen und Erfahrung ist die Grundlage für Intuition. Intuition ist also kein mystisches Phänomen, sondern basiert auf dem geförderten und erweiterten geistigen Potenzial und ist somit handhabbar. So kann auch Mitgefühl erlernt werden. In der Einsicht, dass das Kind und der Jugendliche in einer Gruppe sowie Beziehung agiert und dadurch seine Persönlichkeit entfalten kann, bedarf es ständiger Empathieförderung. Nachdem und

[13] Ähnlich der „E-Kette" bei Wolters, J.-M.:
Ereignis – Erlebnis – Erfahrung – Erkenntnis – Erleuchtung.

währenddessen der Klient seinen eigenen Gefühlen auf den Grund geht, entwickelt er auch die Fähigkeit, die Gefühle anderer zu erkennen und zu verstehen und entsprechend sein eigenes Handeln darauf abzustimmen. Dies ist Grundlage adäquaten sozialen Verhaltens. In der Achtsamkeit findet sich auch dieses Element wieder. Darüber hinaus mündet hier die im Kreislauf begonnene Form der Wahrnehmungs- und Bewusstseinsförderung. Sie ist absichtsvoll, wertet nicht und befindet sich im aktuellen Augenblick. Sie fördert also die Konzentration und die Affektkontrolle und unterstützt die Förderung des Mitgefühls. In der Dankbarkeit kann der Klient das ihm Zuteilgewordene sowie das selbst von ihm Erreichte wertschätzen, als „Polster" nutzen, um weiter zu gehen, statt resigniert die Kraft sinken zu lassen. Die Meditation beruhigt dabei den Geist durch entsprechende Achtsamkeits- und Konzentrationsübungen. Damit wird der Klient befähigt, sich ganz auf sich einzulassen und nur auf sich zu schauen, in die Tiefe der Gefühle und Erscheinungen gehen, statt stets davonzufliehen. Aus dem Aspekt der Spiritualität soll deshalb der Begriff des „Zen" hier genutzt werden, weil er noch mehr die Versenkung betont. Eine Versenkung ist bei allem Streben nach unten und Vertiefung zur Mitte hin als Erdung zu verstehen. Dann werden die inne liegenden Ressourcen kultiviert. Denn es ist alles da. Der Klient muss sie nur wieder entdecken, pflegen und verfeinern, sich von der Willkür und von unnötigen Ängsten und aufgeladenen Erfahrungen befreien. Ressourcenorientiertes Handeln ist die eigentliche Kunst des Lebens. Statt höher, schneller, weiter wird dem eigenen Leben und der eigenen Persönlichkeit Profil gegeben und erstrahlt dadurch aus innerer Schönheit. Denn „Kunst" ist die Tätigkeit, die aus dem Wissen, der Fähigkeit und dem Geübten, der Intuition und Wahrnehmung zu einem Werk ergibt.

Exemplarisch soll im Folgenden die ganz praktische Umsetzung von spirituellen Elementen in der Pädagogik mit Kindern und Jugendlichen dargestellt sein. Dabei sollen nun die Elemente als (kindliche) Ausdrucksformen näher beleuchtet werden:

- Rituale (vgl. Kaufmann-Huber, 2001[14])
- besondere Atmosphäre (Bollnow 2001[15], Jacoby 1994[16])
- das Nutzen von Märchen und Geschichten (Bettelheim 1993[17], Kast 1993[18])
- Geheimnisse (u.a. Stöcklin-Meier 1996[19], Steiner 2005[20]) und Neugierde nach dem „Unmöglichen"
- das Nutzen von Symbolen (Weltzien 1999[21]) sowie
- die Förderung der Demut und des Genusses (vgl. Schmidt-Tanger o.Z.[22]; Steiner 2005).

Das soll im Folgenden diskutiert werden:
Kinder brauchen Rituale, damit sie Sicherheit erfahren, sich geborgen fühlen und sich durch die gemeinschaftlichen Handlungen mit sich und der Familie, ja später mit dem sozialen Umfeld identifizieren können. Das alles ermöglicht Kindern erst Handlungsfreiheit. Denn mit Ritualen können sich Kinder ins soziale Netz eingliedern, und darin orientieren.

---

[14] Kaufmann-Huber, G. (2001): Kinder brauchen Rituale, Herder, Freiburg

[15] Bollnow, O. F. (2001): Die pädagogische Atmosphäre. Verlag die blaue Eule, Essen

[16] Jacoby, H. (1994): Jenseits von >Begabt< und >Unbegabt<. Zweckmäßige Fragestellung und zweckmäßiges Verhalten – Schlüssel für die Entfaltung des Menschen, Christian Verlag, Hamburg

[17] Bettelheim, B.; Mickel, Lieselotte; Weitbrecht, B. (1993): Kinder brauchen Märchen. Deutscher Taschenbuchverlag, München

[18] Kast, V. (1993): Märchen als Therapie, Der deutsche Taschenbuchverlag, München

[19] Stöcklin-Meier, S. (1996): Kinder brauchen Geheimnisse: Über Zwerge, Engel und andere unsichtbare Freunde, Kösel, München

[20] Steiner, R. (2005): Wie erlangt man Erkenntnisse der höheren Welten?, Rudolf Steiner Taschenbuch Verlag, Dornach

[21] von Weltzien, D. (1999): Rituale neu erschaffen. Elemente gelebter Spiritualität, Wilhelm Heyne Verlag, München

[22] Schmidt-Tanger, M.: Das Angenehme ertragen lernen, Onlinedokument: http://www.nlp-professional.de/cms/upload/bilder/artikel/angenehm.pdf, aufgerufen am 05.03.14

Rituale bieten die Möglichkeit, sich selbst emotional zu stabilisieren und in Prozessen der Umstrukturierung gute Übergänge zu schaffen (vgl. Kaufmann-Huber, Weltzien). Kinder lieben Geburtstage und Feste-feiern. Dann liegt etwas Besonderes in der Luft. Sie mögen die Atmosphäre von Kerzen und Duft, von Klang und Kribbeln. Eine gute Atmosphäre spricht sensitiv alle Sinne an. Da werden Urmuster geweckt und Erlebnisse für spätere Erinnerungen gespeichert. Darüber hinaus meinen Bollnow und Jacoby mit der besonderen Atmosphäre auch die Haltung und Einstellung des Pädagogen zu dem Lernprozess: nicht zwanghafter Wunsch, nun zu spüren und wahrzunehmen, sondern mit Kindern etwas entstehen lassen und Momente aufnehmen, um die Wahrnehmungsbereitschaft zu erhöhen. Der Pädagoge ist dafür verantwortlich, entsprechende Settings zu arrangieren und dann zu begleiten.

Märchen in entsprechender Betonung und variierender Lautstärke schulen die Empfangsbereitschaft für den Schall und das Kind lernt zu differenzieren, sie halten die Spannung und regen an zuzuhören. Märchen bieten Orientierung auch durch Wiederholungen, durch Aneinanderreihungen, durch scheinbar vorhersehbare Handlungen. In den Märchen gewinnt meist das Gute und so üben sich die Kinder in Zuversicht. Das gespannte Vorlesen und zuhören, auch das Darüber sprechen, fördert Kinder in ihrer Sprachkompetenz – und die Verwendung der Sprache ist wichtig, um sich ausdrücken zu können und verständlich zu machen, was man will. Sprache ist das Rohr aus unserem Innerem heraus, nach draußen. So sehr wir uns als Erwachsene dann wieder in der Sprache eingeengt fühlen, so sehr bietet es Kindern Raum, sich auszudrücken und ihren neuen Erfahrungen und Erlebnissen Ausdruck zu verleihen. Sprache gibt damit die Chance zur Gemeinschaft und Kreativität. In Märchen erkennen Kinder erste Formen zu abstrahieren und sich von Gefährlichem zu distanzieren, aber sie bieten auch die Möglichkeit zu träumen, Visionen zu bauen, zu visualisieren und auch selbst zu gestalten. Mit Märchen können Kinder in Rollen schlüpfen, die sie im realen Leben nicht immer sind, so können sie kleine Instabilitäten selbst in der Phantasie ausgleichen. So befähigen sie sich selbst. Märchen legen Grundsteine für Geheimnisse. Gute Geheimnisse kribbeln im Bauch und fördern die Neugier. Und die Neugier ist wiederum notwendig, für das freud- und lustvolle Erforschen und Streben des Kindes, sich selbst zu entwickeln. Das konzentrierte intrinsische Streben nach einem Ziel. Das eigene Selbstverständnis zu dieser Handlung ist dabei wirksam, man kann sagen, die Menschen sind in ihrer Mitte, sie handeln aus dem Bauch heraus, sie gehen auf im Augenblick. Das sind Momente, die wir als Erwachsene wieder suchen und uns „krampfhaft" nach Transzendenz streben lassen.

Symbole geben uns die Macht, uns wieder ohne Worte auszudrücken und uns mit unseren Bildern und Gefühlen zu verbinden. So wirken Symbole wechselseitig auf das Unbewusste. Darin liegt eine besondere Chance im pädagogischen Prozess – und auch eine besondere Vorsicht. Mit großer Verantwortung können sie Großes bewirken (vgl. Weltzien).
Kinder wollen sich in Demut üben; dazu suchen sie nach Menschen, die sie wirklich verehren können. Sie suchen reife Persönlichkeiten, die ihre Achtung und Wertschätzung verdient haben. Es scheint selbstverherrlichend und doch ist es ein Geschenk, wenn sich Pädagogen achtungsvoll vor sich selbst und dem Kinde der Demut zur Verfügung stellen. Demut kann darüber hinaus in der besonderen Wahrnehmung der Momente, der Natur und der Tiere, der Dinge, also im Genuss des Augenblicks, des Geruchs und der Befruchtung aller Sinne geschehen. Demut und Genuss beruhigen den Augenblick und damit den Geist und machen Raum für beseelte Momente. Die Wahrnehmung verfeinert sich und nimmt noch mehr auf. Sie erweitert sich und macht ggf. bis dato Unmögliches möglich. Durch das Geschenk sich selbst zur demütigen Haltung „zur Verfügung" zu stellen, lernen Kinder Vertrauen und suchen sich die Pädagogen selbst. Es ist nicht mehr notwendig Kindern, das eigene Angebot hinterherzurufen, sie zu bitten und sich ständig kräftezehrend als animierend zu erleben. Kinder suchen sich die zu verehrenden Menschen selbst aus, das ist richtig so, sonst wäre es keine Ehre. Wenn wir als Erwachsene dieses System anerkennen, finden die Menschen zueinander die in dieser Lebensphase, auf die-

sem Weg gemeinsam etwas zu lernen haben. Gemeinsam – voneinander. Dann sind Prozesse gegenseitig befruchtend und es fügt sich. Das System dieses Universums regelt sich von selbst, wenn wir es lassen, wenn wir noch mehr üben, uns in Demut dazu zu halten und wenn wir nicht ständig geneigt sind, etwas tun zu müssen, zu erziehen.

Dem hinzufügen möchte ich unbedingt die Erziehung zur Ästhetik: Schiller (1759-1805) und Kant (1724-1804) und Reformpädagogen führten die Ästhetik als das höchst Erstrebenswerte in Form von Schönheit und Gutem in das Feld der Erziehungspraxis ein. Was ist schön? So viel positive Empfindungen der Begriff allein bei seinem Klang mit sich bringt, so pragmatisch ist er auch. Denn schön ist, was passt und angemessen ist: Passend in Form und Farbe, in Klang und Duft sowie in der Ordnung. Damit ist Ästhetik nicht nur ein Gefühl und ein Geschmack, sondern eine Fähigkeit. Eine Fähigkeit, die hilft die Welt zu erkennen und zu beurteilen. So kann das wichtige Bauchgefühl, z.B. durch Hin- und Herschieben von Möbeln bis es passt, helfen, auf sich selbst zu hören und der Intuition zu vertrauen. Ihr zu Grunde liegt dabei eine angeborene und geförderte Kompetenz, die genannten Aspekte in Einklang zu bringen. In Kunst und Kultur lernen Kinder durch den Erwerb theoretischer Grundlagen und Fertigkeiten, z.B. im Vokaltönen, im Instrument-erlernen sowie im Zeichnen oder Handwerkeln, die eigene Fantasie und Kreativität zu verwirklichen. Dann fühlen sie sich bestätigt in sich selbst und können ihren Fähigkeiten und Anlagen Ordnung verschaffen. Kunst und Kultur ist kein nettes Beiwerk, damit Kinder mehr Ausgleich zu dem logischen Lernstoff haben, es ist keine Auflockerung im Schulalltag und es ist nicht allein dazu da, die Motorik zu fördern. Allein durch die ganzheitliche Betrachtung des Menschen, ist es dem Menschen möglich im Erlernen und Wirken durch Musik und künstlerischem Gestalten Synapsen mit einem anderen Zugang zu verknüpfen, die ebenfalls für das logische Denken verantwortlich sind. Im Sinne der ganzheitlich gebildeten Persönlichkeit und dem Selbstvertrauen ist die Förderung der Ästhetik lebenslanges Lernen. Ästhetik ist dann Empfindung für das Schöne; Nachspüren, Ausleben und Fördern von Sinnlichkeit und Sinnhaf-

tigkeit; Wahrnehmen, Empfinden aller Reize; Erleben in Natur; Augenblicke gestalten.
Kunst kommt von Können. Dazu ist es notwendig, sich erst Grundlagen anzueignen oder vermittelt zu bekommen, um starten zu können. Denn das Kind ist genau dann in der Lage, sich selbst kompetent zu bewegen, wenn es spezielle Fähigkeiten erworben hat, dann kann es sich in zunehmender Freiheit erleben. Das individuelle Empfinden für das Harmonische und Schöne kann in vielen kleinen Alltagssituationen angeregt werden:

- Feste feiern, das Besondere hervorheben und den Augenblick schmücken
- sich selbst hübsch machen und gut kleiden
- Kompetenz fördern, sich selbst Gutes tun
- die Wahrnehmung in der Natur fördern (Geruch, Geräusche, Leibesgefühl, Weite…)
- alle Sinne immer wieder anregen und „reizen"
- auf Sinneseindrücke aufmerksam machen („Riech mal die an der Blume!". „Fühl mal das Gras!" …)
- gemeinsam staunen, nachspüren und den Moment entfalten lassen
- Genuss fördern, durch achtsames Handeln und Empfinden z.B. beim Essen zubereiten und einnehmen, das sinnliche Erleben anregen: das Auge isst mit)
- Zeit und Raum geben für die Prozesse vor und nach den jeweiligen Ereignissen
- Vorfreude und Aufregung steigern, durch Ausdehnung und Gestaltung der Zeit
- Momente „nachbrennen lassen"
- die Sehnsucht zum immer nächst Höheren zu zelebrieren und dieses mit Neugier und Freude anzustreben
- mit Kindern philosophieren

Das Schöne und Harmonische fördert das glückliche Sein im Moment und die Vision auf das Positive und Erstrebenswerte. Mit dem ästhetischen Empfinden von etwas stets Gutem verschaffen sich Kinder, Jugendliche und Erwachsene selbst mehr Freude im Leben.

Budo-Pädagogik

Die Verbindung der Wesenselemente des Budo und ihre erzieherische Wirksamkeit wurde in den vorangegangenen Abschnitten verdeutlicht. Budo-Pädagogik als eigenständige pädagogische Disziplin ist darüber hinaus aber noch mehr.
In der Budo-Pädagogik bringt der erfahrene Kampfkunstlehrer/ -meister (Sensei, Sifu) seine eigene Kampfkunst als Disziplin und Methode sowie Kampfkunst-Fertigkeit als ganz spezielle Kompetenz mit, durch die er selbstwirksam, authentisch und leidenschaftlich, in natürlicher Autorität präsent ist. Das allein reicht jedoch nicht aus, um professionell und verantwortlich pädagogisch zu handeln. Es geht um den „bewussten“ Einsatz der Wesenselemente zum konkreten Ziel. Der Budo-Pädagoge muss sich pädagogisches Wissen und Erfahrungen zu den einzelnen Zielgruppen (ihren Bedürfnissen und Bedarfen) aneignen und diese in Zusammenhang mit den Wesenselementen und seiner eigenen Kampfkunst bringen. In verschiedenen zielgruppenspezifischen Konzepten müssen diese Elemente dann auch unterschiedlich adaptiert werden. Darüber hinaus wählt der Budo-Pädagoge aus seinem eigenen Technikrepertoire und aus seinem Methodenpool (Übungen) sowie aus dem Technikrepertoire von anderen Kampfkünsten passende Techniken, die entweder extravertierend oder introvertierend wirken, die gezielt dynamisch oder beruhigend, impulsiv oder besänftigend sind und wirken.
„Budopädagogik ist ein ganzheitliches pädagogisches Konzept, das traditionelle asiatische Kampf- und Wegkünste zielgruppenspezifisch einsetzt, um ausgewählte pädagogische Ziele zu erreichen (...). Budopädagogik ist im Arrangement persönlichkeitsfördernder Übungen und Erfahrungen alternatives Bindeglied zwischen Erlebnispädagogik und

Körpertherapie." – so der Begründer und spiritus rektor der Budo-Pädagogik.[23]

Dem Element des „Körpers" wurde in den vorangegangenen Abschnitten noch nicht ausreichend Berücksichtigung gewidmet, dabei ist es das „Handwerkzeug" des Budoka und Budo-Pädagogen und wesentlicher Inhalt, der die Budo-Pädagogik so prägt:

Leib und Gefühl

Kinder und Jugendliche müssen in der heutigen Zeit oft mehr Verständnis haben, als ihnen entwicklungspsychologisch zuzumuten ist. Sie sollen Konflikte aushandeln und sich schnell wieder beruhigen. So sehr Sprache auch klärt, so sehr hemmt sie auch. Umso wichtiger ist, Körper, Geist und Seele ständig in Balance zu halten und zu „füttern". Der Körper findet dabei im Moment im zunehmend urbanen Raum oft zu wenig positive Berücksichtigung. Körperorientierte Ansätze sind längst anerkannt und begründen sich auf der Ebene des Handlungslernens. Insbesondere im Sport fühlt sich der Heranwachsende mit seinem vollen Engagement im ganzen Wesen erfasst. Denn im körperlichen Erleben der individuellen Möglichkeiten und des Könnens wird das Heranwachsen spürbar. Die Ertüchtigung hat neben Begeisterung, Spaß und Freude einen hohen ernsthaften Stellenwert unter den Kindern und Jugendlichen. In einem selbst gewählten gegenseitigen Erlebnisraum handelt der Einzelne nämlich immer direkt in den Erlebnisraum des Mitspielers hinein. In der freiwillig gewählten Abhängigkeit, in der erst der Sport durch Partner, Gegner und Mitspieler möglich wird, erlebt der Mensch sein Wirken direkt und unmittelbar, ohne Worte. Hier liegen negative und positive Erfahrungen mit Emotionen, wie Enttäuschung, Freude, Kooperation und Konzentration ganz eng

---

[23] Wolters, J.-M.: Budo wirkt – Pädagogik die bewegt"; Vortrag auf dem 5. Budopädagogik-Kongress 2012 in Köln; publiziert auch auf www.bvbp.org, 11/2013; vergleiche ebenso Wikipedia: „Budopädagogik", Zugriff am (8.4.2014)

beieinander und beeinflussen die individuellen Einsichten und Einstellungen durch das ständig notwendige Aushandeln neu. Der Begriff des „Körpers" soll dabei erweitert sein durch den Begriff des „Leibes". Denn dabei umschließt das Leibliche körperliche und seelische Vorgänge. Und wo der Körper an der Fläche der Haut faktisch endet, ist der Leib deutlich darüber hinaus wirkend und spürbar[24]. Schmitz führt zur Betrachtung dieser Leiblichkeit den Begriff der Leibesinseln ein und kann dadurch einladen, zunächst einzelne Leibesteile oder Regionen zu entdecken und nachzuspüren. Denn oft ist es so, dass die Klienten das Gefühl von Enge oder Weite, Druck oder Leichtigkeit nur vereinzelt wahrnehmen. Wenn sie nun euphorische oder intensive Erlebnisse mit dem gesamten Leib wahrnehmen, so wird dies „Leibesgefühl" genannt. In der Erfahrung der Besonderheit des Leibes im Gegensatz zum Körper ist die Bedeutung des Atems zu betrachten. Middendorf[25] beschreibt den Atem als Mittel, das alle Lebenslagen erweitern kann, da uns der Atem im seelischen und geistigen bewegt. So sei der Mensch angeleitet, auf die rechte Weise zu atmen, um Wandlungen zu erzielen, die uns Reife und Heil-Sein näherbringen. Wenn es (wieder) gelingt im dynamischen Gleichgewicht zu atmen, so entsteht eine durchlässige und gleichzeitig kraftvolle Haltung. Um sich über den Atem selbst zu erleben und Selbst und Körper zu vereinigen, können nach Middendorf folgende Anregungen zur Arbeit mit dem Atem gegeben werden:

- den Atem entdecken und kennenlernen, wie schwingt er im Körper (weit und schmal, tief und flach...).
  Im Atem „gewahr sein, heißt dort anwesend sein, sich dort sammeln;

---

[24] Vgl. Schmitz, H. (2008): Leib und Gefühl. Materialien zu einer philosophischen Therapeutik, Aisthesis Verlag Edition Sirius, Bielefeld und Locarno, S. 39ff

[25] Middendorf, I. (1992): Atem – und seine Bedeutung für die Entwicklung und das Heilsein des Menschen. In: Petzold, Hilarion G. (Hrsg.): Die neuen Körpertherapien, Deutscher Taschenbuchverlag, München

- Dehnungen, Druckpunkte, Vokalatembewegung, Bewegung aus dem Atem;
- Atem zulassen, fließen lassen und darüber Wirklichkeit erfahren. Das macht die *„Teilhabe an der durchdringenden Freude“* [26] möglich.

Pädagogische Konzeptionen, Projekte und Angebote sollen darauf ausgelegt sein, das Konzept von Leiblichkeit zu integrieren. Wenn es um die Förderung der Selbst-Kompetenz geht, dürfen Körper und Selbst nicht voneinander getrennt sein, weil sie in einem synergetischen Verhältnis miteinander stehen. Zur Erweiterung des Erlebensraums sowie zum Streben und Wandeln der eigenen Persönlichkeit soll der Leib ganzheitlich betrachtet und gefördert werden[27].

Resümee

Auch nach der wiederholten Zusammenstellung der Wesenselemente auf das pädagogische Setting und insbesondere im Erguss zur Budo-Pädagogik beschreibt dieses Konstrukt und Konzept doch die eigentliche Forderung nach „Ganzheitlichkeit“ in der Pädagogik. Sie greift Ursachen von abweichendem Verhalten auf, stellt fundierte Ziele auf, stellt sie in Beziehung zu Menschen und zu Normen und Werten. Mit den Wesenselementen bietet sie Rahmenbedingungen, die konkrete Anwendung möglich macht und dabei dem jeweiligen Budo-Pädagogen mit seinen individuellen Ressourcen Raum zur Gestaltung gibt. Mit ihren handlungs- und körperorientierten Ansätzen und der Betrachtung auf allen Ebenen (Körper, Geist, Seele), in der konsequenten Forderung nach der fachlich begründeten Persönlichkeitsförderung (Wissen, Können, Fähigkeit, Kompetenz) in sich selbst und mit dem Klienten, bleibt diese Pädagogik stetig und kompromisslos – im Sinne der Fachpraxis – zum Wohle des Klienten.

---

[26] Ebd. S. 224

[27] Siehe auch: Dürckheim, K. Graf (1999): Übung des Leibes auf dem inneren Weg, Lurz Verlag, München

Über die Autoren

Jörg-M. Wolters, Jahrgang 60, Doktor der Philosophie, promovierter Pädagoge und Therapeut, studiert, betreibt und lehrt seit 4 Jahrzehnten Karate-Do und Kempo, worin er mit dem 7. Dan den japanischen Meistertitel Shihan trägt und laut Budo-Lexikon (1997) einem der bedeutsamsten Kempo-Stile in Deutschland als Lehrmeister vorsteht. Er ist Begründer der Budo-Pädagogik und Leiter des Instituts für Budopädagogik (IfBP), das vor allem die Berufsausbildungen in Budo-Pädagogik verantwortet, sowie der Kampfkunst-Akademie Shoto-Kempo-Kai. Unzählige populärwissenschaftliche Veröffentlichungen über Budo im Allgemeinen oder Karatedo im Besonderen, Buchbesprechungen und Beiträge in Funk und Fernsehen sowie vielbeachtete fachwissenschaftliche Publikationen über die Wirksamkeit von Budo auf die Persönlichkeit und das Sozialverhalten, darunter „KAMPFKUNST ALS THERAPIE“ oder „DIE SOZIALPÄDAGOGISCHE RELEVANZ ASIATISCHER KAMPFSPORTARTEN“ (Frankfurt, Bern, New York, Paris 1992) oder „BUDO-PÄDAGOGIK. KAMPFKUNST IN ERZIEHUNG, THERAPIE UND COACHING“ (Augsburg 2008) zählen zu seinem umfangreichen Schriftwerk über Budo und seine erzieherische Wirksamkeit. Kontakt: www.budopaedagogik.de

Jeannine Schröder, Jahrgang 1979, studierte Dipl. Sozialpädagogin/-arbeiterin (Katholische Hochschule für Sozialwesen in Berlin), absolvierte die Weiterbildung zur Budo-Pädagogin 2005. Sie ist Judoka und Aikidoka. Nach mehrjährigem ehrenamtlichem Engagement in der Vorstandsarbeit im Berufsverband der Budo-Pädagogen schloss sie die Fortbildung zum Master der Budo-Pädagogik 2012 erfolgreich ab. Als Mutter zweier Söhne lebt und wirkt sie in Berlin. In ihrer sozialpädagogischen Praxis liegt ihr Fokus auf der offenen und projektorientierten Jugendarbeit. Schwerpunkte ihrer pädagogischen Praxis sind ganzheitliche Bewegungsförderung, Förderung von gesunder Ernährung sowie der konsequente Einsatz für Teilhabe- und Beteiligungsmöglichkeiten von sozial benachteiligten Kindern und Jugendlichen. In der offenen

Mädchenarbeit hat sie seit vielen Jahren ein eigenes zielgruppenspezifisches budopädagogisches Projekt konzeptionell verankert.
Nebenberuflich und ehrenamtlich leitet sie Bonsai-Budogruppen zur Förderung der Selbstkompetenz für 4-7 Jährige Kinder und tritt als Referentin zum Thema „Kämpfen und Raufen in pädagogischen Settings“ fürsprechend auf.
Kontakt: Jeannine.Schroeder@bvbp.org

Hubert Schmitz, Jahrgang 1967, 5. Dan Iaido, 5. Dan Jodo, 3. Dan Battodo, ist Leiter des ShiZenKan-Dojo für diese drei Schwertkampfdisziplinen und Budo in Köln. DIaiB-Fach-Übungsleiter, DSB-JL. Fochte lange in der Nationalmannschaft des DIaiB (1997 Europameister im Iaido), war jahrelang sehr aktiv im Iaido-Verband und Vorstandsmitglied im Hakushinkai-Iaido-Dojo in Köln.
Abschluss seiner Ausbildung zum Budopädagogen 2003, Master in Budopädagogik 2012. Seitdem auch als Referent in der Weiterbildung zum Budopädagogen / zur Budopädagogin tätig (Thema „Budo“). Co-Seminarleiter mehrerer Fortbildungen des Shoto Kempo Kai Honbu-Dojo von Sensei Wolters (Kampfkunst-Akademie des IfBP), u.a. auch in der Reihe „Das Wissen der Meister“ in der IfBP-Dependance in Schweden. Mitglied im Berufsverband BvBP e.V. und dort seit 2013 Fachbeirat im Bereich „Budo“.
Der Schwerpunkt seines Lehrens liegt, wie im Beitrag in diesem Buch auch, bei der Durchdringung des Budo in seiner Gänze und Feinheit: Das Schwert als Instrument der Seele und Erziehung des Selbst.
Schmitz ist leidenschaftlicher Familienvater. Im Hauptberuf ist er Angestellter beim Zollkriminalamt in Köln.
Kontakt: www.shizenkan.de

Literaturhinweis

Jörg-Michael Wolters u.a.(Hrsg.)

Budo-Pädagogik. Kampfkunst in Erziehung, Therapie und Coaching

Erschienen im Ziel-Verlag,
Augsburg 2008, 264 Seiten.
ISBN 978-3-940562-11-1;
D: 19,80 EUR, A: 20,40 EUR,
CH: 35,00 sFr.

Rezension (Auszug)
von Prof. Dr. Wolfgang Tischner, Georg-Simon-Ohm-Hochschule Nürnberg, Fakultät Sozialwissenschaften (11/2009)

„Fazit: Das Buch spannt einen beeindruckenden Bogen von pädagogischen und therapeutischen Anwendungsmöglichkeiten der Budo-Pädagogik. Gerade vor dem Hintergrund, daß unsere tradierten westlichen Glaubenssysteme und die mit ihnen korrespondierenden Wertmaßstäbe in den letzten Jahrzehnten erheblich an Überzeugungskraft eingebüßt haben und Erziehung damit in der Gefahr steht, in Beliebigkeit und Willkür abzugleiten, gewinnt eine Pädagogik, die sich aus einer jahrtausendealten spirituellen Tradition speist, welche den Menschen in seiner umfassenden Existenz als Körper-Seele-Geist-Einheit in den Mittelpunkt ihrer Betrachtungen und Bestrebungen stellt, eine große Bedeutung. Auf deren Grundlage kann der Pädagoge mit einer neuen Glaubwürdigkeit und Autorität jungen Menschen gegenübertreten und ihnen einen Weg (Do) aufzeigen, an dessen - allerdings niemals vollständig erreichbaren - Ende wahrhafte und vollendete Weisheit und Menschlichkeit stehen."
Quelle siehe: www.socialnet.de/rezensionen/8476.php

Ankündigung

Jörg-Michael Wolters,
Jeannine Schröder (Hrsg.)

Budo-PÄDAGOGIK. Beispiele aus der erfolgreichen Praxis.

In dem Nachfolgeband (erscheint vrstl. Herbst 2014) kommen wieder Experten aus der budopädago-gischen Arbeit zu Wort, die hier ihre speziellen Ansätze und Erfahrungen aus der vielschichtigen Praxis darstellen und auch die besondere Bedeutung des Sensei einer Weglehre bzw. Pädagogen im professionellen Setting diskutieren. Unter anderem sind Themen: Budo als Therapie in der Kinder- und Jugendpsychiatrie, Budo und Budo-Pädagogik im Kontext jugendrichterlicher Entscheidungen, budo-pädagogische Gewaltpräventionskonzepte, „budoisiertes" Bogenschießen als eigene Methode in der Jugendarbeit, „Starke Kids", Empowerment und Zivilcourage als Programm, Budo-Pädagogik als Heilkunst, meditative Übungen für die „Jungen Wilden", Jungen- und Mädchenarbeit, Spirituelle Pädagogik – und viele andere spannende Beiträge für eine innovative Arbeit im Bereich von Jugend- und Sozialarbeit sowie Körper- und Psychotherapie oder auch der Supervision von Teams und in der Unternehmensberatung.

Ausbildung zum Budo-Pädagogen/ zur Budo-Pädagogin

Die vom Internationalen Institut für Budo-Pädagogik (IfBP) in Deutschland, Österreich und der Schweiz in Theorie und Praxis von ausgewiesenen Experten aus Lehre, Forschung und konkreter Arbeit ausgebildeten Budo-Pädagoginnen und Budo-Pädagogen arbeiten in öffentlichen oder privaten Einrichtungen, im eigenen Dojo, Institut, im Verein oder Verband, freiberuflich oder angestellt als Fachkräfte. Budo-Pädagogik wird seit 1999 als offiziell anerkannte und geförderte berufsqualifizierende Weiterbildung für

- Erzieher/innen,
- Sozialarbeiter/innen und -pädagogen/innen,
- Heil-, Sonder- und Sozialpädagogen/innen
- Psychologen/innen
- Mitarbeiter/innen aus Therapie-, Heil- und anderen Pflegeberufen
- Lehrer/innen
- Supervisor/innen
- und artverwandte Berufe mit Erfahrungen in asiatischen Körper-, Bewegungs-, Kampf- und Heilkünsten (z.B. Yoga, Tai-Chi, Ki-Gong, Aikido, Judo, Karate-Do oder Kung-Fu) angeboten.

Die einzig anerkannte Weiterbildung mit offiziell zertifiziertem Abschluss findet über einen Zeitraum von 1,5 Jahren an 9 Block- bzw. Wochenendseminaren (insges. 30 Tage) an verschiedenen Orten und Bildungseinrichtungen in ganz Deutschland statt. (Für Österreich und Schweiz siehe Infos auf www.budopaedagogik.de) Das Institut für Budo-Pädagogik (IfBP) erfüllt höchste Qualitätsstandards der Aus-, Fort- und Weiterbildung. Es betreut und informiert die Teilnehmer/innen und Absolvent/innen durch regelmäßige Tagungen, Kongresse, Lehrgänge und Vernetzungsangebote. Die Budo-Pädagoginnen und -Pädagogen werden vom Internationalen Berufsverband der Budo-Pädagogen und Budo-Pädagoginnen e.V. (BvBP). vertreten.

Start der aktuellen Ausbildungsgänge Deutschland (2014-2016) und Österreich (2015-2017)

Kontakt und Informationen
Institut für Budopädagogik, IfBP
Dr. Jörg-M. Wolters
Tilsiter Str.11, D–21680 Stade
Telefon/Fax: +49 4141 62 65 7
Mobil: +49 170 541 6610

www.budopaedagogik.de
info@budopaedagogik.de

Internationaler Dachverband
Berufsverband der Budo-Pädagogen und Budo-Pädagoginnen (BvBP) e.V.

Für die professionell ausgebildete Berufsgruppe im noch recht neuen Spezialgebiet der Pädagogik, den zertifizierten Budo-Pädagogen, steht eine offizielle Interessensvertretung zur Verfügung, um sie auf dem Arbeitsmarkt berufspolitisch und fachlich zu vertreten und zu fördern. Absolventen der Weiterbildungen in Deutschland, Österreich und der Schweiz können als Mitglied von den Fördermöglichkeiten wie Fortbildungsangeboten, Jahrestreffen, Supervision und Intervision, Fachtagungen sowie öffentlichen Veranstaltungen, vor allem den jährlich alternierend im In- und Ausland stattfindenden Kongressen mit zahlreichen wissenschaftlichen Fachbeiträgen aus Pädagogik, Psychologie, Philosophie und Praxis-Workshops profitieren und Wissen wie Handlungsspektrum erweitern. Der BvBP e.V. bündelt und vernetzt Fachkompetenz, Forschung und Praxis, kooperiert mit Einrichtungen aus dem erzieherischen, sozialen und therapeutischen Feld, vermittelt Auftraggeber, begleitetet Evaluationsprojekte und fördert Visionen. Mit dem etablierten Berufsverband gewinnt das Fachgebiet und mit ihm seine qualifizierten Vertreter an Kraft und Bedeutung.

Weitere Informationen:
www.bvbp.org und www.budopaedagogik-kongress.org